Jahreszyklus des Kormorans

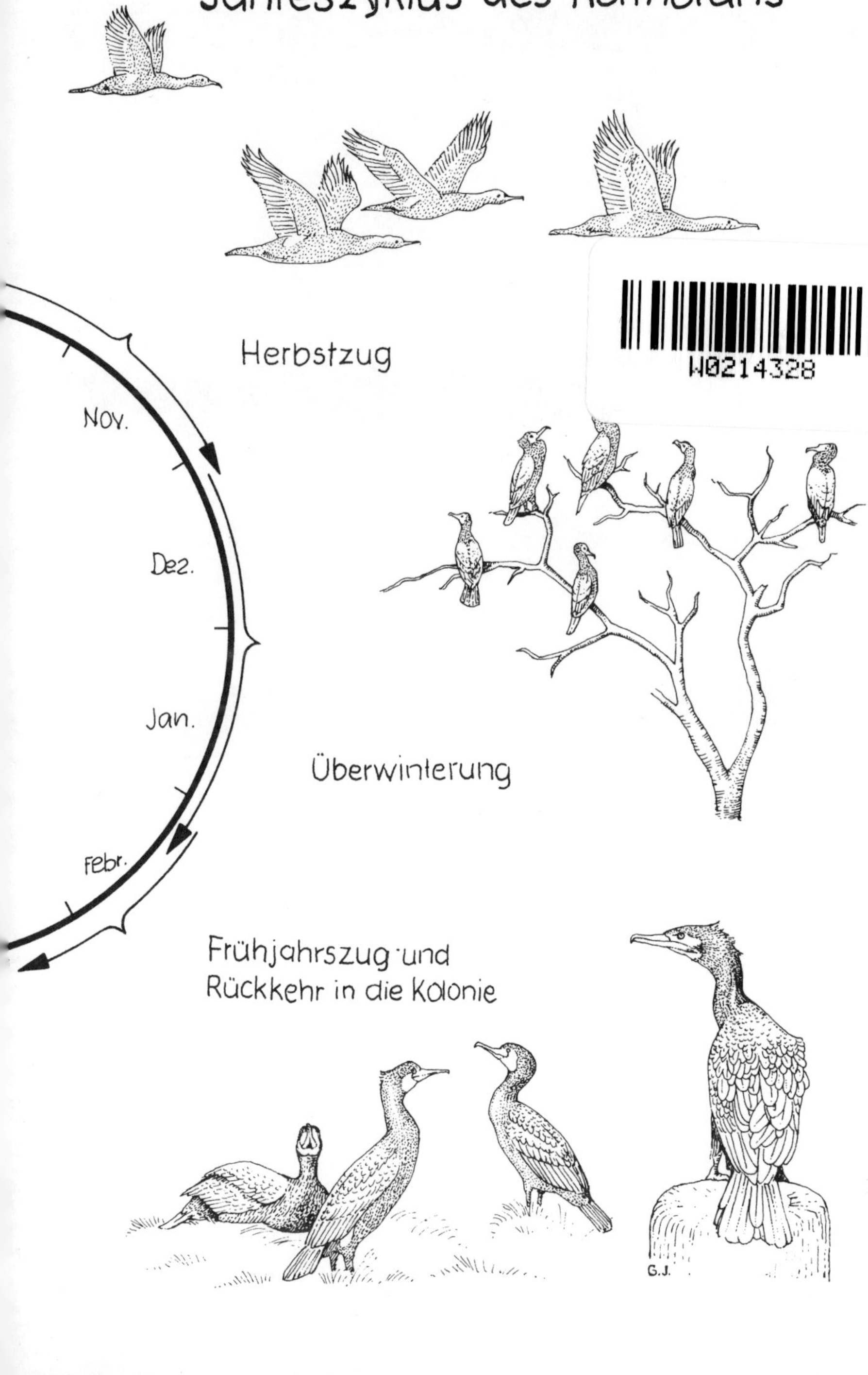

Erich Rutschke

Der Kormoran

PHALACROCORAX CARBO.

Erich Rutschke

Der Kormoran

Biologie · Ökologie · Schadabwehr

Mit 63 Abbildungen, davon 31 farbig

Parey Buchverlag Berlin 1998

Parey Buchverlag im
Blackwell Wissenschafts-Verlag
Kurfürstendamm 57, D-10707 Berlin

e-mail: parey@blackwis.de
Internet: http://www.blackwis.com

Die Deutsche Bibliothek – CIP-Einheitsaufnahme

Rutschke, Erich:
Der Kormoran : Biologie, Ökologie, Schadabwehr / Erich Rutschke. – Berlin : Parey, 1998
ISBN 3-8263-8487-3

Einbandgestaltung: Rudolf Hübler, Berlin
Satz und Repro: Type Design, Berlin
Herstellung: Havel Spree Verlagsservice, Berlin

Gedruckt auf chlorfrei gebleichtem Papier

Printed in Germany • ISBN 3-8263-8487-3

Vorwort

Ein Vogel, dessen Name bis vor einigen Jahren nur wenigen Eingeweihten geläufig war, macht Schlagzeilen. Die rasante Ausbreitung und Zunahme des Kormorans begeistert die Naturfreunde, seine Ernährungsweise und sich daraus ergebende Folgen erschrecken die Fischereiwirtschaft, der Streit zwischen Naturschutz und Fischerei mobilisiert die Behörden. Eine Vogelart, die fast gänzlich aus Europa verschwunden war, etablierte sich in den letzten Jahrzehnten erneut in großen Teilen des Kontinents und brütet jetzt an den Meeresküsten genauso wie an Seen im Binnenland Mittel- und Osteuropas. Im Herbst und Winter durchstreifen Kormorane in kleinen und großen Trupps gewässerreiche Landschaften und lassen sich an fischreichen Gewässern oft wochenlang nieder.

Für jeden, der am Geschehen in der heimatlichen Natur interessiert ist, ruft das Fragen hervor. Was ist das eigentlich für ein Vogel, der so plötzlich Furore macht, wie und wo lebt er, wie sieht er aus? Zu fragen ist weiterhin nach den Ursachen für das Wiedererscheinen einer Tierart, die nahezu ausgerottet war. Schließlich liegt die Frage nahe, ob zutrifft, was über die fischereiwirtschaftlichen Schäden berichtet wird und wie diese gegebenenfalls verhindert werden können. Das vorliegende Buch gibt Antworten auf diese und andere den europäischen Kormoran und seine Lebensweise betreffende Fragen.

Die Lebens- und Verhaltensweisen dieses Vogels sind recht genau bekannt. Besonders in den Niederlanden, aber auch in Deutschland und in anderen Ländern haben sich Wissenschaftler seit Jahrzehnten eingehend damit befaßt. Dieses Wissen ist jedoch nur Fachleuten und Spezialisten zugänglich; neuere, leicht zugängliche zusammenfassende Darstellungen gibt es nicht. An den Anfang des Buches wurde deshalb eine Beschreibung des Kormorans, seiner Verwandtschaft, der Fortpflanzungsbiologie und damit verbundener Verhaltensweisen, der Ernährung, der Verbreiterung in Deutschland und Europa, der Ansprüche an die Umwelt und der Wanderungen gestellt.

Die Frage nach den Ursachen für die Wiederausbreitung und die in einigen Gebieten geradezu explosive Zunahme führt mitten hinein in die Ökologie und damit in eine biologische Wissenschaft von ungewöhnlicher Komplexität. Das Wort Ökologie ist heutzutage zwar in aller Munde, ist aber längst zum Schlagwort und zur Worthülse verkommen und übertüncht häufig genug Sachverhalte, erklärt sie jedoch nicht. Hinter dem Wiedererscheinen des Kormorans stehen Umweltveränderungen und veränderte Auffassungen des Menschen von der Natur und deren Schutz. Menschliche Einwirkungen veränderten in den letzten

Jahrzehnten in einem Tempo wie nie zuvor Eckwerte des Zustandes und der Güte unserer Gewässer und damit auch deren gesamte Lebewelt, beginnend bei Mikroorganismen, Algen und Kleinsttieren bis hin zu den Fischarten und jenen Tieren, die von Fischen leben. Zu den Betroffenen zählt auch der Mensch, zumindest die Berufsgruppe der Fischer, die sich im übertragenen Sinne ja auch von Fischen „ernährt".

Diese Zusammenhänge darzustellen, ist ein weiteres wichtiges Anliegen dieses Buches. Dabei dient die Erläuterung des Geschehens im Fall Kormoran dazu, das Verständnis für die komplizierten Wechselwirkungen zwischen Umwelt und Organismus zu vertiefen. Hinzu kommt der Bewußtseinswandel über Natur und Naturschutz, der sich in den letzten Jahrzehnten vollzogen hat. Zwar ist unübersehbar und wird zu recht immer wieder beklagt, daß der Mensch zerstörerisch in die Lebensräume eingreift, doch es ist gelungen, Sünden der Vergangenheit zu beseitigen. Gefährdete Tierarten werden heutzutage auf „Rote Listen" gesetzt, und es werden spezielle Schutzprogramme für bedrohte Arten entwickelt, damit diese vor Nachstellung und Ausrottung bewahrt werden. Naturschutz ist gesetzliche Pflicht geworden. Deshalb werden im vorliegenden Buch die Folgen von Verfolgung und Schutz beschrieben, und dabei wird versucht, den Einzelfall in den größeren Zusammenhang, den Schutz von Natur und Umwelt, zu stellen.

Es bleiben die Auswirkungen der Kormoranzunahme auf die davon in erster Linie Betroffenen, die Fischer und Angler. Diese darzustellen, war in doppelter Weise mühevoll, weil es darum ging, pauschalisierende Aussagen, wie sie leider häufig genug zu lesen und zu hören sind, zu vermeiden. In diesem Kapitel war die Auswahl repräsentativer Einzelfälle geboten. Die Schadensthematik ist in besonderem Maße emotionsbeladen, weshalb die Fakten in den Mittelpunkt zu rücken und Polemik zu vermeiden war.

So hoffe ich, daß ein Buch entstanden ist, das dem Leser eine interessante Tierart mit hoch entwickelten sozialen Lebensformen und erstaunlichen körperlichen Leistungen nahebringt, das Verständnis für allgemeine Naturvorgänge und die Folgen menschlicher Eingriffe vertieft und einen Beitrag zur Lösung des Konfliktes zwischen Fischereiwirtschaft und Naturschutz liefert.

Erich Rutschke Potsdam, im Januar 1998

Inhaltsverzeichnis

1 Einleitung

Kaum eine andere Vogelart ist in den letzten Jahren so spektakulär und kontrovers in die Schlagzeilen und in das Blickfeld der Öffentlichkeit geraten wie der Kormoran. Wenn man Meldungen der Boulevardpresse Glauben schenkt, bringt dieser Vogel ganze Fischereibetriebe an den Rand der Existenz. Die Schadensmeldungen der Fischer scheinen das zu bestätigen. Allein in Deutschland werden Ausgleiche für Verluste in Millionenhöhe an Fischer gezahlt. Es wird gefordert, die ungeliebten Fischfresser mit Pulver und Blei oder mit anderen Methoden zu reduzieren. Das hat den Naturschutz auf den Plan gerufen, der solchen Forderungen energischen Widerstand entgegensetzt. Bei all dem kennen nur wenige Menschen den Vogel aus eigener Anschauung.

Der europäische Kormoran ist wie die ganze Verwandtschaft Fischfresser, daran gibt es keinen Zweifel, und er verschmäht Aal, Hecht und Zander genauso wenig wie der Mensch. Das hat ihm die erbitterte Feindschaft der Fischer eingetragen. Über Jahrhunderte hinweg wurden Kormorane verfolgt, und in weiten Teilen Europas gelang es, sie auszurotten oder doch zumindest zu vertreiben, wenn sie an fischreichen Gewässern ansässig werden wollten. Erst mit der aufblühenden Naturschutzbewegung in der zweiten Hälfte dieses Jahrhunderts änderte sich die Situation.

Zwei Auffassungen und Interessenlagen stehen sich konträr gegenüber: Die Interessen der Fischer, die durch den Kormoran die Fischerträge und damit ihr Einkommen beeinträchtigt sehen und die des Naturschutzes, der sich für die Erhaltung dieser bislang stark gefährdeten Vogelart einsetzt. Zu den Naturschützern kommen die Stimmen von Ökologen, die zwar punktuelle Schäden nicht in Abrede stellen, jedoch eine generelle Schädlichkeit verneinen, dem Vogel sogar eine wichtige Rolle in limnischen Ökosystemen beimessen.

Eine sachliche Diskussion ist gegenwärtig außerordentlich erschwert. Zwar fehlt es nicht an Wissen über die Lebensweise, Häufigkeit, Verbreitung und Nahrungsökologie, genauso wie Kenntnisse über die Auswirkungen auf die Fischwirtschaft vorliegen, doch nicht selten wird je nach Standpunkt auch wider besseren Wissens polemisch diskutiert. Die Zuschärfung im Streit der Meinungen alarmierte die Behörden in den betroffenen Ländern und bewirkte, daß Beschlüsse zur Reduzierung von Kormoranen gefaßt wurden, die von Naturschützern und Fischern unterschiedlich bewertet werden.

Um die drohende Ausrottung zu stoppen und dem Kormoran seinen Platz im Naturganzen zu erhalten, wurde die Art unter Schutz gestellt. Der Kormoran gehört nach deutschem Recht zu den geschützten Vogelarten. Bis 1997 wurde er im Anhang 1 der EG-Direktive für den Vogelschutz als geschützte Art geführt. Damit bot sich ihm die Chance zur Rückkehr, und er hat sie ausgiebig genutzt. Binnen weniger Jahrzehnte stieg der Bestand im westlichen Ostseeraum geradezu explosiv, und die Zunahme hält noch immer an.

Die positive Bestandsentwicklung ist im Schrifttum gut belegt. Damit ist das Problem der Einwirkung auf Fischbestände und daraus resultierende Schäden für die Fischwirtschaft zunehmend in den Vordergrund gerückt, der Kormoran ist erneut zum Problemvogel geworden. Mehr Kormorane, das sind zwangsläufig mehr von ihnen gefressene Fische. Das bedeutet bei oberflächlicher Betrachtung zunehmende Schäden für die Fischwirtschaft. Ausgleichszahlungen oder erneute Ausrottung werden deshalb von dieser gefordert.

Der Konflikt zwischen Naturschutz und Fischerei wird neuerdings in der Öffentlichkeit immer heftiger ausgetragen. Von Tageszeitungen, Rundfunk und Fernsehen bis hin zu wissenschaftlichen Zeitschriften bleibt kein Medium ungenutzt. In Deutschland ist die Diskussion besonders zugeschärft und polemisch in jenen Bundesländern, in denen Kormorane brüten oder rasten und überwintern. Es sind Schleswig-Holstein, Mecklenburg-Vorpommern, Brandenburg, Sachsen und Bayern und neuerdings auch Baden-Württemberg. Betroffen sind auch Sachsen-Anhalt, Niedersachsen und Nordrhein-Westfalen. In Bayern ist eine ausführliche Untersuchung durchgeführt worden, deren Ergebnisse in einem detaillierten veröffentlichten Gutachten ihren Niederschlag gefunden haben.

Zunehmende Schadensforderungen durch die Fischwirtschaft werden auch in Dänemark, den Niederlanden, Österreich und der Schweiz gestellt.

Bei den Fischern, in Behörden und in großen Teilen der Öffentlichkeit zweifelt kaum jemand daran, daß die Einstufung des Kormorans als „fischereischädlich" berechtigt ist. Darin liegt die Ursache für das Wiederaufleben des alten Konflikts. Außerdem wird behauptet, daß die ökologischen Schäden an einigen Fischarten und Populationen beträchtlich sind. So sollen Äschenbestände in Flußabschnitten in Bayern durch den Kormoran vernichtet worden sein. In bestimmten Abschnitten des Mains soll es keine Rotfedern mehr geben. Auch Nase und Barbe sollen im Main bedroht sein. Die Fischer fordern dementsprechend die Änderung der gegenwärtigen gesetzlichen Schutzbestimmungen und die drastische Reduzierung der Kormoranbestände. Auf völlige Ausrottung wie früher wird allerdings nicht mehr gedrängt. Die Fischer werden in Deutschland in ihren Forderungen durch den Deutschen Sportfischerverband unterstützt.

Selbst im wissenschaftlichen Schrifttum wird vielfach davon ausgegangen, daß es sich beim Kormoran um einen „fischereischädlichen" Vogel handelt, ohne daß der für eine solche Einstufung erforderliche exakte Beweis erbracht worden ist. Die Klassifizierung beruht einzig auf der von niemandem bestrittenen offensichtlichen Tatsache, daß Kormorane Fische fressen. Das allein ist jedoch noch kein Beweis für „Fischereischädlichkeit“, denn auch andere Lebewesen (Fischarten, Meeressäuger, Fischotter) ernähren sich von Fischen, ohne daß sie gleich immer als schädlich disqualifiziert werden.

Das alles sind Gründe genug, um über Lebens- und Verhaltensweisen des umstrittenen Vogels, den nur wenige Menschen vom äußeren Ansehen her kennen, seine Verbreitung und Populationsentwicklung, die Geschichte von Verteufelung und Ausrottung und den von ihm verursachten Konflikt zwischen Fischern, Naturschützern, Behördenvertretern und Ökologen und über Wege zur Lösung des Problems zu informieren. Das geschieht auf der Grundlage eigener Beobachtungen und Erfahrungen und neuer Forschungsergebnisse aus dem In- und Ausland.

In erster Linie liegt mir daran zu informieren und mit Vorurteilen aufzuräumen. Neben Vermittlung von Sachkenntnis über die Lebensweise dieser in vieler Hinsicht bemerkenswerten Vögel geht es auch darum, ihre ökologische Rolle in limnischen Ökosystemen zu beschreiben, die Bestandsentwicklung und deren Ursachen darzulegen und die Folgen für die Fischwirtschaft zu analysieren.

Dabei ergab sich fast zwangsläufig, daß die Zusammenhänge weitaus komplizierter und vielschichtiger sind als sie auf den ersten Blick scheinen. Für Naturschutz und Fischwirtschaft akzeptable Lösungen des „Kormoranproblems“ setzen wechselseitiges Verständnis und Kompromißbereitschaft voraus.

Danksagung

Vor über 30 Jahren fanden einige Freunde und ich im Überschwemmungsgebiet an der Unterhavel bei Havelberg eine kleine Kormorankolonie. Es war die erste Wiederansiedlung in Brandenburg nach jahrzehntelanger Abwesenheit. Seit jener Zeit interessiere ich mich für diese Tiere. In den 70er und 80er Jahren verfolgten wir im Rahmen einer Arbeitsgruppe die Wiederausbreitung des Kormorans in Ostdeutschland und schlugen den zuständigen Behörden Lösungen für Schutz und Schadabwehr vor, wie sie jetzt wieder aktuell sind. Ohne die vielen Beratungen und Gespräche mit Ornithologen, allen voran mit Dr. Horst Zimmermann/Schwerin, Naturfreunden und Fischern, jedoch auch mit Fachleuten aus dem Ausland und dabei gewonnenen Kenntnisse hätte ich das Buch nicht schreiben können. Ihnen allen und den vielen ehrenamtlichen Helfern der ehemaligen „Zentrale für Wasservogelforschung der DDR“ – seit 1991 der „Forschungsstelle für Ökologie der Wasservögel und Feuchtgebiete“ am Institut für Ökologie und Naturschutz der Universität Potsdam – die viele Details über die Verbreitung des Kormorans in Ostdeutschland zusammengetragen haben, darf ich sehr herzlich danken.

2 Die Verwandtschaftsgruppe Kormorane

2.1 Allgemeine Merkmale

Wenn man die Lebensweise des europäischen Kormorans und die Probleme, die er verursacht, verstehen will, muß man ihn im Kreise seiner Verwandtschaft betrachten. Die Kormorane bilden im Vogelreich eine eigene Familie, die stammesgeschichtlich außerordentlich alt ist. Als Fossilien lassen sie sich weit in die Erdgeschichte zurückverfolgen, und schon das hohe stammesgeschichtliche Alter verrät, daß es sich um eine „erfolgreiche“ Gruppe handelt, um Tiere, die es verstanden haben, sich wechselnden Bedingungen anzupassen. Kormorane gehören zur Verwandtschaftsgruppe der Ruderfüßer (*Steganopodes*), zu denen die zierlichen Tropikvögel, die Fregattvögel, die Pelikane, die Tölpel und die Schlangenhalsvögel gehören. Die Ruderfüßer sind weltweit verbreitet. Nur bis in die arktischen und antarktischen Gebiete sind sie nicht eingedrungen.

Zur Kormoranfamilie gehören 30 Arten, von denen einige Unterarten ausgebildet haben, so daß bis zu 40 verschiedene Formen unterschieden werden können. Kormorane sind weltweit verbreitet und bewohnen Salz- und Süßwasser fast des ganzen Erdballs. Einige Arten sind viel kopfreicher als die uns interessierende europäische Art. Das Wort Kormoran ist eine Verballhornung des lateinischen „*Corvus marinus*“, das Meerrabe bedeutet.

Kormorane, obwohl in Größe und bestimmten Farbmerkmalen besonders im Gesichtsbereich durchaus verschieden, gleichen sich im allgemeinen Körperbau, so daß sie unabhängig von der Artzugehörigkeit leicht als solche erkennbar sind, wenn man sich die Silhouette und das Flugbild eingeprägt hat (Abb. 1). Übereinstimmend für alle Arten sind dunkelbraune oder schwarze Gefiederfarben, insbesondere dunkle Rückenfärbung vielfach mit bläulichem oder grünlichem Glanz. Die Unterseite kann hell oder sogar schneeweiß sein, das trifft für alle Arten zu, die auf der Südhalbkugel der Erde vorkommen.

Kormorane haben Schwimmhäute zwischen den Zehen, eine wichtige Voraussetzung für die Unterwasserjagd.

Zu den kennzeichnenden Merkmalen gehört der schlanke Schnabel mit der scharfhakigen Spitze. Mit ihm wird der Fisch gegriffen, und zwar wird er hinter den Kiemen gepackt, so daß es kein Entrinnen gibt. Eine Besonderheit, die man freilich erst erkennt, wenn man einen Kormoran in der Hand hält, sind

Abb. 1 Kormoran im Flug – Das Flugbild wirkt wie ein fliegendes Kreuz. Kormorane lassen sich an dieser Flugfigur leicht von anderen Wasservögeln unterscheiden

die zugewachsenen Nasenlöcher; ein Merkmal, das auch für die anderen Arten aus der Ordnung der Ruderfüßer kennzeichnend ist. Das zwingt die Vögel dazu, beim Atmen den Schnabel ein wenig zu öffnen.

Die Flugfigur betont bei allen Arten den schlanken Körper. Die Flügel setzen etwa in der Körpermitte an. Kormorane fliegen mit rasch förderndem Flügelschlag, der von kurzen Pausen unterbrochen wird (Abb. 2). Zum Segelflug oder zu größeren Steigflügen sind sie nicht befähigt.

2.2 Die europäischen Kormoranarten

Wenn schlechthin vom Kormoran gesprochen wird, dann geht es fast immer um die in Europa häufigste Art, die wissenschaftlich *Phalacrocorax carbo* heißt. Sie ist in verschiedenen Unterarten über große Teile der Erde verbreitet. In Europa tritt sie in zwei Unterarten auf, die sich sehr ähnlich sehen und im Felde kaum unterscheidbar sind, jedoch in Verbreitung und Lebensweise voneinander abweichen. Die Unterart *Phalacrocorax carbo carbo* lebt an Meeresküsten. Ihr Verbreitungsgebiet reicht in Nordosteuropa an der Murmansk-Küste beginnend, längs der norwegischen Küste, südwärts bis an die französische Atlantikküste und westwärts über die Faröer und Island bis nach Nordostamerika. Vertreter dieser Unterart kommen nur ausnahmsweise nach Mitteleuropa. Sie sind wie andere Kormoranarten in ihrer Lebensweise an felsige Meeresküsten gebunden. Der Schnabel ist etwas kräftiger als bei der Festland-Unterart, und das Gefieder glänzt grünlich.

Die Unterart *Phalacrocorax carbo sinensis* bewohnt bevorzugt Binnengewässer in Mittel- und Westeuropa, fehlt zwar als Brutvogel in weiten Teilen Südosteuropas, kommt aber am Schwarzen Meer, dem Asowschen Meer und ostwärts durch Sibirien bis nach Korea vor. Die Angehörigen dieser Unterart sind unser Objekt. Sie tragen ein schwarz wirkendes Federkleid, dessen bläulich-grünlicher Glanz und bronzefarbener Schiller erst auffällt, wenn man den Vogel ganz aus der Nähe sieht. Das einförmige Federkleid wird ansehnlicher, wenn zur Brutzeit beiderseits des Halses fadenförmige weiße Schmuckfedern wachsen und weiße Flecken die Schenkel zieren (Abb. 3). Bei Kormoranen, die auf den britischen Inseln leben, beginnen diese haarartigen Federn schon im Spätwinter zu sprießen. Sobald mit dem Eierlegen begonnen wird, verschwindet dieser Schmuck jedoch wieder.

Abb. 2 Flugbild des Kormorans (schematisch)

Die Geschlechter sind beim europäischen Kormoran äußerlich kaum unterscheidbar. Bei Brutpaaren fällt der Größenunterschied auf. Die Männchen sind im Durchschnitt 2,3 kg schwer, die Weibchen nur 1,8 kg, und dementsprechend sind auch andere Körpermaße beim Weibchen etwas kleiner. In einer Kormoranschar lassen sich Männchen und Weibchen jedoch nicht unterscheiden, weil die Körpermaße überlappen.

Der Kormoran mit seinen beiden in Europa vorkommenden Unterarten ist nur eine von mehreren in Europa vorkommenden Arten. Ein zweiter Vertreter der Kormoranfamilie ist die etwas kleinere Krähenscharbe (*Phalacrocorax aristotelis*), die an den Küsten des Atlantiks bis nach Nordafrika und im Mittelmeergebiet lebt. Sie zählt also wie die Mehrzahl der Kormoranarten zu den am Meer heimischen Arten. Die uns interessierende Art ist demgegenüber ein Binnenlandbewohner, denn auch die Ostsee, die ja weitgehend von den großen Weltmeeren abgetrennt ist, müssen wir in diesem Zusammenhang zu den Binnengewässern rechnen (Abb. 4). Ein weiterer europäischer Kormoran ist die Zwergscharbe (*Phalacrocorax pygmaeus*), die nur in Südosteuropa vorkommt und wesentlich kleiner ist als die anderen Arten. Der Schwerpunkt der Verbreitung dieses kleinen Kormorans liegt in Asien.

Abb. 3 Kormoran im voll ausgefärbten Brutkleid – Man beachte die lebhafte Kopffärbung, die verlängerten grünschwarzen Schopffedern am Hinterkopf und das weiße Federbüschel an der Flanke

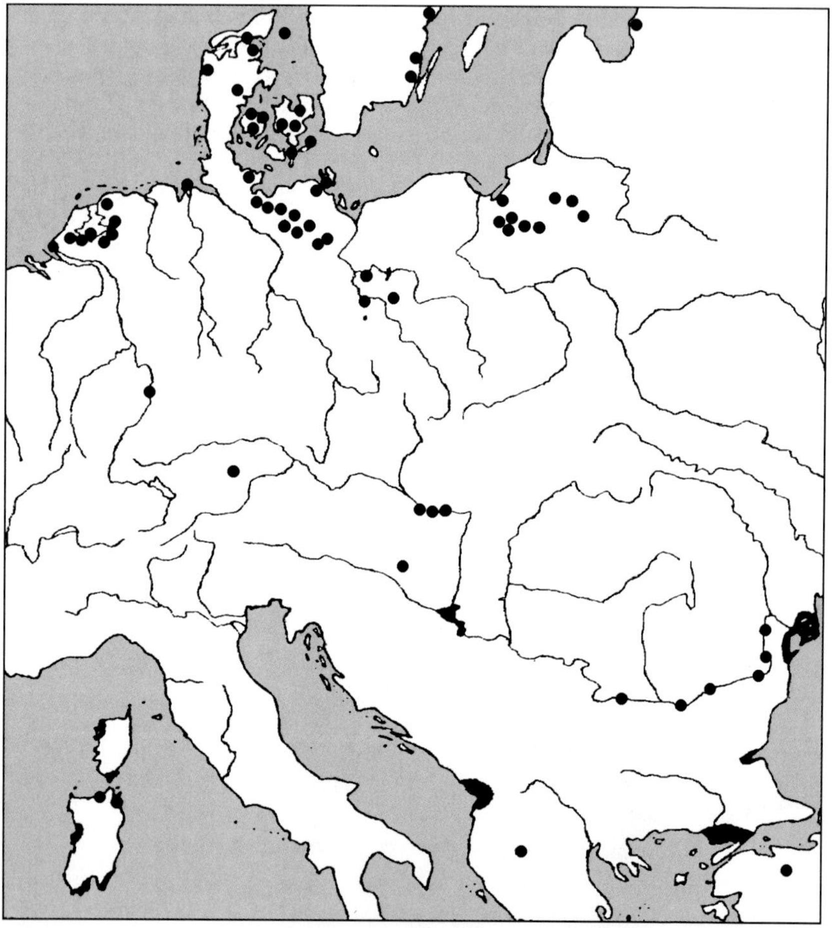

Abb. 4 Verbreitung des Kormorans in West-, Nordost- und Mitteleuropa

2.3 Kormorane anderer Erdteile

Die in Europa vorkommenden drei Arten vermitteln nur ein unzureichendes Bild vom Formenreichtum und der Vielfalt der Lebensweise der Angehörigen der Kormoranfamilie. Weniger weit verbreitet, jedoch ungleich häufiger ist der Guanokormoran (*Phalacrocorax bougainvillei*), den man seines Kotes wegen als den

„wertvollsten Vogel“ der Welt bezeichnen kann. Vor den Küsten Perus brüten diese Kormorane in gewaltigen Brutansammlungen, den größten Vogelkolonien, die es überhaupt auf der Erde gibt. Die Kolonien befinden sich auf Inseln vor den Küsten Perus und Chiles. Dort sind sie vor natürlichen Feinden und eiersammelnden Menschen geschützt. Die größte Ansammlung befindet sich auf der peruanischen Vogelinsel Macabi. Der Brutbestand läßt sich nur grob schätzen. Es dürften mit 10 Millionen Brutpaaren eher zu wenig als zu viel sein. Auf der Doppelinsel herrscht ein unvorstellbares Gewimmel. Jeder freie Platz ist besetzt. Stellenweise brüten bis zu drei Paare auf einem m^2. Die Nahrungsgrundlage für diese unvorstellbar großen Vogelkonzentrationen bildet der kalte Humboldtstrom, in dem sich in manchen Jahren die Anchovetas, eine Sardellenart, riesig vermehren und in dichten Schwärmen an der Oberfläche nordwärts ziehen. Sie sind die begehrte Nahrung der Kormorane, die sich in dichten Schwärmen auf die leicht erlangbare im Meer silbrig blinkende Beute stürzen. Es sind unvorstellbar große Mengen, die sie vertilgen. Zwar genügen jedem Kormoran etwa 500 g täglich, doch bei den vielen Millionen Vögeln sind das viele Tausende Tonnen täglich. Dagegen nimmt sich kümmerlich aus, was die peruanischen Fischer von diesem Schatz des Meeres anlanden. Es sind selten mehr als 100 000 t Anchovetas im ganzen Jahr. Trotzdem werden die Guanokormorane nicht verfolgt. Sie schöpfen den Reichtum des Meeres ab. Außerdem ist da der Kot, der auch heute noch geerntet wird. Auf den genannten Inseln schützt man die Kolonie sogar durch eigens errichtete Wälle, um die Guanoproduktion zu sichern. Die Guanokormorane sind in ihrer gesamten Lebensweise auf die Anchovetas spezialisiert. Bleiben sie aus, und das geschieht, wenn sich der Humboldtstrom verlagert (Nino-Jahre), dann gibt es Massensterben unter den Guano produzierenden Kormoranen. In den Jahren 1957 und 1958 sollen etwa 25 Millionen gestorben sein. Erst wenn man diesen Hintergrund kennt, wird deutlich wie bescheiden die Rolle ist, die der europäische Kormoran in unseren Ökosystemen spielt.

Jene südamerikanischen Verwandten des verhaßten europäischen Fischräubers waren vor mehr als hundert Jahren ebenfalls Gegenstand lebhaften öffentlichen Interesses, allerdings in einem ganz anderen Sinne als für diese. In Südamerika war es ausgerechnet der Kot, dessen düngende Wirkung für Pflanzenkulturen erkannt wurde, was einen wahren Rausch auslöste, vergleichbar der Jagd nach Gold und Diamanten in Nordamerika. In den südamerikanischen Brutgebieten hatten Millionen von Kormoranen und anderen „Guanovögeln“ über Jahrtausende hinweg in ihren Brutkolonien Kot zu meterhohen Schichten abgelagert, der als Guano abgebaut einen wertvollen Naturdünger liefert.

Die Düngemittelindustrie in ihren heutigen Dimensionen gab es damals nicht, und in gewaltigen Schiffsladungen wurde das wertvolle Naturgut bis nach Europa verschifft, ganz abgesehen von der Bedeutung, die der Dünger in Peru und anderen südamerikanischen Staaten erlangte. Noch 1956 wurden allein 330 000 Tonnen Guano allein in Peru abgebaut. Mindestens 10 Millionen Kot produzierende Kormoranpaare waren an dessen Erzeugung beteiligt. Kormorane, zumindest der von ihnen produzierte Abfall, standen hoch im Kurs.

Die Gegenüberstellung des fischfressenden europäischen „Seeraben" mit dem südamerikanischen Guanolieferanten soll zeigen, daß die Einstufung als gut oder böse einzig und allein die Konsequenz menschlichen Nutzen-Schadens-Denkens ist. Das Tier wird nicht in den Zusammenhang des Ökosystems gestellt, in dem es vorkommt oder der Lebensgemeinschaft, zu der es gehört, sondern es wird vordergründig von aktuellen menschlichen Interessen her beurteilt, und abhängig vom Ergebnis positiv wie im Falle des Guanoproduzenten oder negativ wie im Falle des europäischen Kormorans eingestuft.

Guanoproduzenten sind auch die Kapkormorane (*Phalacrocorax capensis*), die vor der Küste Südafrikas leben und nordwärts bis zum Kongo vordringen. Diesen Kormoranen fehlt es in den fischreichen Küstengewässern zwar auch nicht an Nahrung, doch es mangelt an geeigneten Brutinseln. Um trotzdem an den begehrten Guano zu kommen, sind für diese Kormorane riesige Brutplattformen in Küstennähe errichtet worden, die auch angenommen wurden. Sobald die Kotschichten eine bestimmte Dicke erreicht haben, werden sie „geerntet", und der auf diese natürliche Weise gewonnene Dünger trägt dazu bei, die Ernteerträge in der Landwirtschaft zu steigern. Immerhin hat sich der Kot fischfressender Vögel als bester organischer Dünger erwiesen. Zwar steht er heute längst nicht mehr so hoch im Kurs wie vor dem Beginn der Produktion mineralischer Düngemittel, trotzdem besitzt er in Südamerika noch immer wirtschaftliche Bedeutung.

Nicht immer und nicht überall ist man mit den Lieferanten hochwertigen Düngers sorgsam umgegangen. Vielfach wurde er rücksichtslos abgebaut, und man übersah den Schutz der Lebensmöglichkeiten für den Lieferanten. In Südamerika hat man außerdem versucht, die Anchovetas-Schwärme abzufischen, und die Tiere in Fabriken zu künstlichem Guano zu verarbeiten, gewissermaßen also den Umweg über den Vogelkörper zu vermeiden. Dabei übersah man, daß es einen ökologischen Kreislauf gibt, der auf diese Weise unterbrochen wird. Die fischfressenden Vögel lassen nämlich bei ihren Beuteflügen Kot auch ins Meer fallen, der wiederum Kleinstlebewesen zur Nahrung dient, die ihrerseits den Anchevetas als Nahrung dienen. Eins lebt vom anderen, Räuber und Beutetiere sind voneinander abhängig, und der unbedachte Eingriff des Menschen kann bewirken, daß solche Kreisläufe zusammenbrechen. Auch dadurch verhungerten fischfressende Vogelarten zu Millionen. Claus König berichtet in seinem Buch „Auf Darwins Spuren", daß Ende der 70er Jahre die Strände an den Küsten Mittelperus dick mit den Skelettresten verhungerter Vögel bedeckt waren. So kann man den Ast absägen, auf dem man eigentlich sitzen will. Der Schutz der Brutplätze der Guanoproduzenten gehört deshalb heutzutage zu den Vogelschutzprogrammen vor den Küsten Chiles und Perus. Mancherorts werden sogar Wärter stationiert, damit die Vögel ungestört brüten können.

Wo sich Kormorane auf entlegenen Meeresinseln ansiedelten und natürliche Feinde nicht zu fürchten brauchten, haben sie im Verlaufe ihrer Stammesgeschichte das Flugvermögen eingebüßt. Der bekannteste flugunfähige Kormoran lebt auf den Galapagos-Inseln, die Stummelscharbe (*Phalacrocorax harrisi*). Die Flügel sind zwar noch vorhanden, doch im Verhältnis zur Körpergröße sind sie viel zu klein. Sie taugen nicht mehr zum Fliegen. Das Nest erreichen sie im watschelnden Gang. Nur strengste Schutzmaßnahmen werden die Art, die nur auf zwei Galapagos-Inseln vorkommt, vor dem Schicksal vieler anderer flugunfähiger Vogelarten, ausgerottet zu werden, bewahren können.

Den Brillenkormoran (*Phalacrocorax perspicillatus*), einer zwar großen, bis über sechs Kilogramm schweren äußerst zutraulichen Art, ereilte dieses Schicksal, weil er es nicht lernte, die Matrosen, die den Bewohner auf den Kommandeur-Inseln im nördlichen Stillen Ozean rücksichtslos verfolgten, als Feind zu erkennen. Die Seeleute, mit denen der berühmte Naturforscher Steller 1741/42 das unwirtliche Gebiet erforschte, ernährten sich hauptsächlich von diesen Kormoranen. Die Tiere wurden massenhaft totgeschlagen und verzehrt. Ein Vogel genügte, um drei Mann zu sättigen.

Zu den selten gewordenen Kormoranarten gehört auch der *Sokotra*-Kormoran (*Phalacrocorax nigrogularis*), der im nordwestindischen Ozean vorkommt. Er wurde zum Sinnbild von Umweltzerstörung als sich während des Golfkrieges ein riesiger Ölteppich im Persischen Golf ausbreitete und eine Ölpest verursachte, der Zehntausende Wasservögel zum Opfer fielen.

Neben den großen in der Regel an den Meeren beheimateten Kormoranen gibt es auch einige kleinere Arten, die an Binnengewässern heimisch sind. Die im südlichen Europa und in Vorderasien heimische Zwergscharbe (*Phalacrocorax pygmaeus*) wurde bereits erwähnt. Im malayischen Raum, Australien und Neuseeland ist die Australzwergscharbe (*Phalacrocorax melanoleicos*) verbreitet, und auch in Indien und Afrika gibt es Zwergkormoran-Arten.

3 Körperbau – auf Fischfang spezialisiert

Kormorane sind für ihre spezielle Lebensweise, den Fang und die nahezu ausschließliche Ernährung von Fischen, in ihrem Körperbau, physiologischen Leistungen und im Verhalten in hervorragender Weise angepaßt.

Beim Schwimmen liegt der Körper tief im Wasser, der Schwanz flach auf der Wasseroberfläche. Kormorane schwimmen schnell und gut. Das spezifische Gewicht ist größer als das anderer Vogelarten. Die Knochen enthalten geringere Hohlräume und damit weniger Luft. Das erleichtert das Eintauchen ins Wasser, was ohne Schwung zu holen gelingt. Wenn sie fischen, liegen sie oft so tief im Wasser, daß nur Hals und Kopf zu sehen sind. Kormorane sind wahre Tauchkünstler. Mit den Füßen, die eng beieinander gehalten und parallel geschlagen werden, dringen sie rudernd bis in große Tiefen vor, wenn sie oberflächennah keine Beute erwischen. Hierbei kommen die Schwimmhäute zwischen den Zehen voll zur Geltung. Die Flügel werden unter Wasser eng an den Körper gelegt, so daß die Stromlinienform das Hinabgleiten erleichtert. Kormorane bewegen sich unter Wasser also nach dem gleichen Prinzip vorwärts wie der mit Flossen tauchende Mensch (Abb. 5). Als Steuer dienen die Schwanzfedern, deren Schäfte kräftig und wenig biegsam sind. Sie nutzen also dasselbe Prinzip, mit dem auch Schiffe gelenkt werden. Pinguine bewegen sich unter Wasser nach einem ganz anderen Verfahren. Sie benutzen ihre Stummelflügel als Antrieb, „flie-

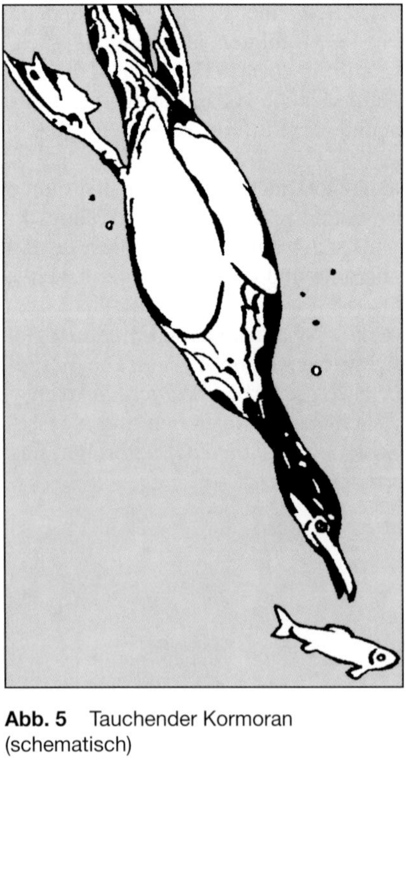

Abb. 5 Tauchender Kormoran (schematisch)

gen“ also gewissermaßen unter Wasser. Für das Sehen unter Wasser sind die durchsichtigen Nickhäute bedeutsam, die beim Tauchen die Augen bedecken, gewissermaßen also die Funktion von Tauchmasken erfüllen.

Fische werden, wenn sie einmal mit dem hakenartig gekrümmten Schnabel gefaßt sind, unzerteilt verschluckt. Das gelingt, weil die Schnabelhälften enorm weit geöffnet werden können und sich auch der Schlund beim Schlucken weitet. Trotzdem kann es durchaus einige Mühe bereiten, größere Beute zu verschlingen, weil der zappelnde Fisch sich verständlicherweise nach Kräften wehrt und loszukommen sucht. Die Schluckbewegungen sind jedoch so intensiv, daß es einem Fisch nur selten gelingt, zu entkommen.

Der Magen ist wie bei allen Fleisch- und Fischfressern ein ausgesprochener Drüsenmagen. Er produziert einen Saft mit einem kräftig eiweißverdauenden Enzym, das die Verdauung unverzüglich einleitet. Auch der Magen ist wie der Schlund erweiterungsfähig, so daß neben kleineren auch größere Fische aufgenommen werden können.

Abb. 6 Flaggender Kormoran (Schlichtkleid) – Nach dem Fischen werden die Flügel zum Trocknen weit ausgebreitet

Das Gefieder ist weniger wasserdicht als das anderer Schwimmvögel, so daß Wasser beim Tauchen eindringt, zumindest oberflächlich, trotz langdauernder Unterwasserjagd. Das erhöht das spezifische Gewicht des Vogels, ist also für die Unterwasserjagd förderlich. Andererseits ist die Tauchdauer in kaltem Wasser der Gefahr der Unterkühlung wegen begrenzt. Nachteilig ist die Notwendigkeit, das Federkleid nach der Jagd zu trocknen. Nach häufigem Tauchen wählen Kormorane geeignete Ansitze, um zu ruhen. An Seen und Teichen sind das häufig Reusenpfähle. Sie breiten die Flügel aus, schwenken diese, wohl um eingedrungenes Wasser rascher zu entfernen oder lassen sie einfach ausgebreitet an der Sonne trocknen (Abb. 6). Auf das Trocknen des Gefieders wird viel Zeit verwendet.

4 Verhaltens- und Populationsbiologie

Kormorane sind äußerst gesellige Tiere. Sie brüten gemeinschaftlich in Kolonien, zu denen wenige Paare, jedoch auch Tausende Brutpaare gehören können, wandern gemeinsam, sammeln sich außerhalb der Brutplatz an fischreichen Gewässern und suchen nachts Plätze auf, an denen sie gemeinschaftlich übernachten. Sogar die Fischjagd wird unter bestimmten Bedingungen gemeinschaftlich betrieben. Die sozialen Lebensformen dieser Tiere sind ein besonders spannendes Kapitel tierischen Sozialverhaltens. In der nachfolgenden Darstellung sind nur jene Aspekte berücksichtigt, die zum Verständnis der Biologie unerläßlich erscheinen.

4.1 Paarbildung und Balz

Außerhalb der Brutzeit leben männliche und weibliche Kormorane in größeren oder kleineren Schwärmen zusammen, ohne daß es spezielle Bindungen zwischen den Geschlechtern gibt. Erst während des Nestbaus schließen sich ein Männchen und ein Weibchen zu einem Brutpaar zusammen. Der Kopulation, die den Bund besiegelt, geht ein eindrucksvolles Ritual voraus, die Balz, eine Abfolge auffälliger auf den Partner gerichteter Bewegungsweisen. Am Anfang steht die Inbesitznahme des Nistplatzes auf einem Ast oder einer Astgabel durch das Männchen, womit dieser Bereich zugleich als Territorium ausgewiesen ist. Die erste Phase des Paarbildungsverhaltens beginnt mit dem sogenannten „Flaggen“, einem Verhalten, das in einfachster Form auch der sich trocknende Vogel nach dem Tauchen zeigt (Abb. 7). Bei der Balz jedoch sind nicht nur die Flügel halb entfaltet und schlagen rhythmisch, sondern Kopf und Hals sind senkrecht nach oben gereckt, und die Schwanzfedern weisen steif und steil nach oben. Dabei werden die weißen Federpartien an den Schenkeln sichtbar, die die Vögel nur während der Brutzeit besitzen. Man gewinnt den Eindruck, der flaggende Vogel wolle seinem Partner seine blendend weiße Unterwäsche zeigen. Auch die weiße Kehle und die weißen Wangen treten deutlich hervor, all jene Merkmale, die nur der brutreife Vogel besitzt. Vielleicht soll das dem Partner sagen: „Sieh her, wie schön bin ich!“ Diese Stellung, verbunden mit den „flaggend“ geschlagenen Flügeln wird bis zu einer halben Stunde beibehalten, wobei sich der Vogel langsam im Nest dreht, sich

Abb. 7 Balz des Kormorans – Anheben der Flügel wie beim Flaggen, dabei ist auch der Schwanz steil nach oben gestellt

also in allen Richtungen der Windrose präsentiert. Alle Weibchen, die sich in der Nähe befinden, fliegen herbei, um sich derart präsentierende Männchen zu begutachten. Es kommt auch vor, daß sich mehrere Weibchen um ein besonders attraktives Männchen bemühen und heftige Kämpfe entbrennen. Kommt dann ein potentieller Partner, gewöhnlich ein Weibchen mit weit geblähtem Kehlsack, dann wirft das auf dem Nest „flaggend" wartende Tier Kopf und Hals in den Nacken und heftige Schüttelbewegungen des Kopfes verraten seine Erregung (Abb. 8). Springt der ankommende Vogel ins Nest und duckt sich flach hin, dann erfolgt unmittelbar darauf die Paarung (Abb. 9). Der eben noch flaggende Vogel besteigt den Partner und führt tretende Bewegungen aus. Lange Zeit war umstritten, ob das im Nest wartende Tier wirklich das Männchen ist, ob also das Männchen oder das Weibchen flaggt. In der Regel ist es das Männchen. Nicht immer endet schon die erste Begegnung der späteren Partner mit der Kopulation. Nachdem der Paarbildungsprozeß abgeschlossen ist und die Eiablage begonnen hat, können Kopulationen auch ohne das beschriebene Vorspiel erfolgen. Die zeitliche Abfolge der Balzposen kann erheblich verändert sein.

Während der Balz werden Laute hervorgebracht, die für unser Ohr wie „chrooch-cro-croh" klingen. Doch damit ist das bei der Balz und Kopulation hörbare Lautrepertoire keineswegs erschöpft. Zur Begattung selbst springt das Männ-

Abb. 8 Zur Balz des Kormorans: Kopf und Hals werden auf den Rücken geworfen (schnelle Hin- und Herbewegung)

Abb. 9 Unmittelbar vor der Paarung hebt das auf dem Nest sitzende Weibchen die Schwanzfedern empor, Kopf und Hals sind senkrecht emporgereckt. Das Männchen nimmt die gleiche Haltung ein

Abb. 10 Paarung
a Phase bei Paarungsbeginn – Das Männchen ist gerade aufgesprungen

b Das Weibchen liegt langgestreckt auf dem Nest. Der Höhepunkt der Zeremonie ist erreicht

chen auf den Rücken des sich ins Nest duckenden Weibchens und drückt deren Hals nach unten (Abb. 10 a, b). Dabei reibt es den Hals an dem des Weibchens, was sich als Zärtlichkeitsgeste deuten läßt. Halsreiben und Überreichen von Zweigen und Halmen sind Posen mit denen die Partner ihre Zusammengehörigkeit während der ganzen Brutzeit zum Ausdruck bringen. Beim Nestbau wird der mit Nistmaterial Ankommende immer vom Partner begrüßt, indem dieser Kopf und Hals auf den Rücken wirft. Der Ankömmling richtet sich dann hoch auf und sträubt die langen Nackenfedern.

PLATTEEUW (1966) beobachtete, daß ein Kormoranmännchen vor Beginn der Brutzeit Fische auf den Nestrand vor dem Weibchen ablegte. Das Anbieten von Nahrung als Teil des Balzverhaltens ist von anderen fischfressenden Vogelarten gut bekannt.

Die Eier sind knapp hühnereigroß, unterschiedlich geformt, zumeist jedoch langgestreckt, manchmal an beiden Polen leicht zugespitzt (Abb. 11). Sie sind mit einem weißen Kalküberzug versehen, der sich während der Bebrütung in schmutziges Grau verfärbt. Zumeist werden 3–4 Eier gelegt, nur ausnahmsweise auch 5 oder sogar 6. In den Nestern bodenbrütender Kormorane fanden PAJKERT & GORSKI (1996) 1–5, zumeist jedoch ebenfalls 3–4 Eier. Sind mehr im Nest, dann haben zwei Weibchen zusammengelegt.

Die Kolonien sind nicht nur von fortpflanzungsfähigen Tieren bevölkert, die durch die dunkle Unterseite von den unterseits heller gefärbten noch nicht brutreifen Kormoranen zu unterscheiden sind. In den Kolonien halten sich auch noch nicht voll ausgefärbte auf, die sich vielfach bereits im Nestbau üben. Sie inspizieren fortwährend die Nester der Brutpaare und nutzen jede sich bietende Gelegenheit, um bereits verbautes Nistmaterial zu erbeuten und dem eigenen bescheidenen Nest zuzufügen. Dieser Raub von Nistmaterial ist in Kormorankolonien weit verbreitet (Abb. 12). Dabei kann es zu regelrechten Kämpfen kommen. Wenn näm-

Brutbiologische Daten

Geschlechtsreife: Ende 3. Jahr (auch früher)
Ehigkeit: Monogame Saisonehe
Nestbau: Beide Partner
Gelege: 3–4 Eier (5, ausnahmsweise 6)
Legebeginn: Anfang bis Mitte April (in den Niederlanden schon früher)
Vollgelege: Ende April bis Juni (ausnahmsweise noch später)
Legeabstand: 2–3 Tage
Brutdauer: 23–30 Tage
Nestlingszeit: 7 Wochen
Voll flugfähig: Ab 8. Woche

Abb. 11 Nest des Kormorans mit Gelege

lich der Nestbesitzer den „stehlenden“ Vogel überrascht, stürzt er sich mit geblähtem Kehlsack auf diesen, auch Kopf- und Halsgefieder sind gesträubt, greift ihn an und vertreibt den eilig davonfliegenden Angreifer.

Die Drohhaltung wird auch eingenommen, wenn sich fremde Vögel dem Nest nähern. Dazu wird der Hals weit in Richtung auf den Eindringling vorgestreckt und das Gefieder gesträubt. Die Drohgebärde gilt nur wirklich fremden Vögeln. Brutnachbarn bleiben unbeachtet, offensichtlich kennen sich die Tiere.

Alter bei der Erstbrut

Für die Geschwindigkeit mit der Tierpopulationen zunehmen können, ist das Alter bei Fortpflanzungsbeginn eine wichtige Kenngröße. Je jünger die Tiere sind, wenn sie sich an der Reproduktion der Population zu beteiligen beginnen, desto günstiger wirkt sich das auf das Wachstum der Population aus und umgekehrt. Die Mehrzahl der Kleinvogelarten ist schon im zweiten Lebensjahr fortpflanzungsfähig. Bei Großvögeln dauert es in der Regel einige Jahre, ehe sie sich an der Fortpflanzung beteiligen.

Kormorane brüten erstmals im Alter von 3–5 Jahren (Abb. 13). Nicht wenige Tiere beginnen allerdings bereits im Alter von zwei Jahren, und selbst Einjährige brüten gelegentlich erfolgreich. Sie sind dann bis ins 12. Lebensjahr oder noch länger sexuell aktiv. Die Ursachen für die Unterschiede im Eintritt des Fortpflanzungsalters sind nicht bekannt. Bei Untersuchungen über das Fortpflanzungsverhalten von Wildgänsen stießen wir auf das gleiche Phänomen. Dabei zeigte sich, daß die älteren Weibchen stimulierend auf junge Männchen wirkten. Junge Männchen, die sich mit älteren Weibchen verpaaren, brüteten eher als andere. Vielleicht wird Frühreife auch durch günstige Ernährungsbedingungen gefördert. In Kormorankolonien, die sich in der Wachstumsphase befinden, tritt vorzeitige Brutreife häufiger auf als in Kolonien, die sich bereits stabilisiert haben.

Neben sexuell frühreifen Tieren gibt es auch andere, die erst im Alter von 6 Jahren oder noch später zu brüten beginnen. Auch in diesen Fällen läßt sich über die Ursachen nur spekulieren.

Ehen werden nur für die jeweilige Brutsaison geschlossen. Da die Partner im folgenden Jahr in die gleiche Kolonie zurückkehren und auch den gleichen Neststandort aufsuchen, sind Fälle von Wiederverpaarung nicht selten.

Abb. 12 Kampf um den Nistplatz. Ein Brutpaar beim Nestbau wird von anderen Kormoranen heftig bedrängt

Der Anteil brutreifer Vögel, der am Brutgeschäft teilnimmt, unterliegt erheblichen jährlichen Schwankungen. Nicht selten sind die Kolonien zu Beginn der Fortpflanzungsperiode überfüllt, doch längst nicht alle Paare entschließen sich zur Brut. Ein wechselnd großer Teil nimmt nicht am Fortpflanzungsgeschäft teil. Unmittelbar nach Ankunft der Kormorane in der Brutkolonie läßt sich noch nicht abschätzen, wieviel Paare es sein werden, die sich schließlich zur Brut entschließen. Der Nichtbrüteranteil wird in hohem Maße durch die Ernährungsbedingungen zu Beginn der Brutzeit beeinflußt, hängt jedoch sicher auch von der Kondition ab, in der die Vögel im Brutgebiet eintreffen. In benachbarten Kolonien gibt es kaum Unterschiede in der jährlichen Brutwilligkeit. Vergleicht man größere Gebiete, dann zeigen sich erhebliche Unterschiede.

4.2 Aufzucht der Jungen

Ab April erscheinen die Kormorane in den Brutkolonien. Noch aus dem Vorjahr vorhandene Nester werden wieder benutzt, auch Krähen- und Reihernester werden unverzüglich in Besitz genommen, gelegentlich die Besitzer daraus vertrieben und das bereits angefangene Nest aus- oder weitergebaut oder ein Neubau

Abb. 13 Brütender Kormoran

Abb. 14 Fast flügge Kormorane im Nest – Schnäbel hechelnd geöffnet

begonnen. Daran beteiligen sich beide Partner. Das Nest wird aus Knüppeln und Reisern zu einem groben Bau zusammengefügt und die Nestmulde mit Gras oder Schilfhalmen ausgepolstert. Das Baumaterial wird vom Boden aufgelesen, aus dem Wasser geholt oder auch von Bäumen abgebrochen. Manchmal werden bestimmte Bäume regelrecht geplündert, indem sie scharenweise von den nestbauenden Paaren aufgesucht werden. Bis in die Zeit der Jungenaufzucht wird der Nestbau fortgesetzt. Das Männchen soll sich beim Nestbau dem Weibchen gegenüber etwas hervortun. Im Detail ist wenig untersucht, ob und in welchem Umfange es eine Funktionsteilung im Brutgeschäft gibt, weil die Geschlechter äußerlich identisch aussehen, und sich Männchen und Weibchen allenfalls an der unterschiedlichen Größe unterscheiden lassen. Die Weibchen sind etwas kleiner als die Männchen.

Die Eier werden in Abständen von 2–3 Tagen gelegt. Ab Ende April gibt es Vollgelege, doch die jährlichen Unterschiede sind witterungsbedingt beträchtlich. Neben Paaren, die schon sehr zeitig mit der Bebrütung beginnen, gibt es andere, die erst im Mai Eier legen. Die verschieden geformten, in der Regel etwas langgestreckten Eier werden von beiden Eltern bebrütet, wobei sich die Weibchen etwas hervortun. Nach 23–24 Tagen schlüpfen die blinden völlig nackten schiefergrauen Jungen (Bauer & Glutz v. Blotzheim). Erst nach 2–3 Tagen öffnen sich die Augen. Die Nestlingsphase dauert etwa sechs bis sieben Wochen (Abb. 14). Bereits nach acht Wochen können die Jungen fliegen. Schon vorher verlassen sie

Abb. 15 Junger Kormoran nach dem Ausfliegen

gelegentlich das Nest und klettern im Brutbaum oder im Gebüsch umher. Dann sind sie noch etwa 4 Wochen lang auf Fütterung durch die Eltern angewiesen, bevor sie in die Eigenständigkeit entlassen werden (Abb. 15).

Fütterung der Jungen

Beide Eltern bringen Futter zum Nest. Anfangs holen die hungrigen Jungen das Futter aus dem Schlund der Eltern. Dazu beugt sich der zur Fütterung bereite Altvogel mit geöffnetem Schnabel zu den Jungen hinab, würgt die angedaute Nahrung aus dem Magen hervor und läßt sie in den Schnabel des Jungvogels gleiten, der Kopf, Hals und Schnabel bis in den Schlund hineinsteckt. Oft dauert es mehrere Minuten bis das Futter hochgewürgt und übergeben ist. Die für den menschlichen Betrachter gräßliche Szene ist von heftigen Bewegungen sowohl des Alt- als auch des Jungvogels begleitet. Es dauert bis zu 15 Sekunden ehe der Kopf des Jungvogels wieder erscheint. Manchmal greifen gleich zwei Junge weit in den Schnabel des Altvogels hinein. Es dauert eine Weile bis die Köpfe wieder erscheinen. Wenige Tage alte Jungvögel nehmen das hervorgewürgte Futter seitlich aus dem Schnabel des Altvogels. Ältere „beträllern" intensiv den Kehlsack des Altvogels, was offensichtlich als Reiz zum Herauswürgen des Futters dient.

Die älteren Jungen werden von den Eltern auch mit Wasser versorgt, regelrecht getränkt. Dabei geht es ganz anders zu als bei der Fütterung. Wenn die Altvögel mit Wasser im Kehlsack kommen, ducken sich die Jungen tief in die Nestmulde und reißen den nach oben gehaltenen Schnabel wie einen Trichter weit auf. Der tränkende Altvogel beugt sich herunter und läßt das Wasser tropfenweise oder als feinen Strahl in den Schnabel des Jungen rinnen. Wenn es trocken und heiß ist, werden die Jungen besonders häufig mit Wasser versorgt.

Den ätzend-scharfen breiigen Kot setzen die Jungen über den Nestrand ab. Dadurch bleibt das Nest einigermaßen sauber, der Nestbaum selbst wird jedoch über und über mit Kot verschmutzt und sieht am Ende der Brutperiode wie gekalkt aus.

4.3 Jungensterblichkeit – Überlebensrate – Gefährdungen

Ob Tierpopulationen wachsen oder schrumpfen, hängt in starkem Maße vom Verhältnis der Geburtenrate zur Sterberate ab. Eine Population befindet sich im Gleichgewicht, wenn der durchschnittliche Fortpflanzungserfolg, gewöhnlich ausgedrückt als Geburtenrate, mit der Sterberate ausbalanciert ist. Dieses Gleichgewicht ist beim europäischen Kormoran gegenwärtig verschoben. Die Geburtenrate ist höher als die Sterberate, daher nimmt die Population zu. Die Ursachen für solche Veränderungen können in der Zunahme der Geburtenrate, im Rückgang der Sterberate oder in beidem begründet sein. Im Falle des Kormorans trifft Letzteres zu.

Von allergrößtem Einfluß auf das Überleben der Jungen ist die ständige Erlangbarkeit von Nahrung. Um 3–4 Junge innerhalb weniger Wochen großziehen zu können, muß diese praktisch unbegrenzt vorhanden sein. Das ist besonders gegen Ende der Brutzeit der Fall, wenn der Nahrungsbedarf der Jungen den der Altvögel übertrifft. In günstigen Jahren erreichen zwischen 1,8 bis 2,4 Junge pro Brutpaar die Flugfähigkeit. Verringert sich das Nahrungsangebot, dann kann das bis zu einem Grade dadurch aufgefangen werden, daß die Jungen langsamer wachsen und später ausfliegen. Bei stark nachlassendem Nahrungsangebot verhungern die Jungen regelrecht. In den großen holländischen Kolonien sank in Jahren mit schlechten Ernährungsbedingungen der Bruterfolg bis auf durchschnittlich 0,22 Junge pro Brutpaar (RIJN & PLATTEEUW 1996).

Auch nach dem Ausfliegen wird die Sterblichkeit vorrangig über das Nahrungsangebot beeinflußt. Dabei gibt es einen engen Zusammenhang mit dem Wetter, das primär für den Nahrungsmangel verantwortlich sein kann. Wenn das Wasser in den Fanggründen im IJsselmeer (Niederlande) nach anhaltenden Nordwestwinden aufgewühlt und trübe ist, so daß Fische nur schwer erbeutet werden können, steigt die Sterblichkeit sofort an (RIJN & PLATTEEUW 1996).

Letztlich ist es also immer die Verfügbarkeit von Nahrung, von der abhängt, ob der Bestand zu- oder abnimmt. Witterungsbedingungen und andere Außenfaktoren wirken nicht direkt sondern indirekt über die Nahrung auf das Populationsgeschehen.

Vereinfacht kann man davon ausgehen, daß Kormorane am Ende des 4. Lebensjahres zu brüten beginnen und bei durchschnittlichem Nahrungsangebot pro Brutpaar 2 Junge aufziehen. Im ersten Lebensjahr liegt die Sterblichkeit bei 30 %. Sie sinkt vom 2. bis zum 4. von 18 % auf 10 % und später bis auf nur 8 % (Werte nach KORTLANDT 1942). Wie bei anderen Vogelarten ist die Sterblichkeit im ersten Lebensjahr am größten.

Kormorane gehören zu den Vogelarten, die auf veränderte Lebensbedingungen sofort mit verändertem Populationswachstum reagieren. Dabei steht das Nahrungsangebot ganz obenan. Verbessert es sich, dann erhöht sich die Nachwuchsrate, und in wenigen Jahren können die Kolonien beträchtlich wachsen. In Zeiten reichlichen Nahrungsangebotes steigt nicht nur die Anzahl der Jungvögel, die ein Brutpaar jährlich aufzieht, es sinkt auch das Durchschnittsalter, bei dem Kormorane zu brüten beginnen. Das trägt zu rascherem Anstieg der Populationsgröße bei. Nachlassendes Nahrungsangebot bewirkt sinkende Nachwuchsraten. Im Extremfall wird der Brutplatz aufgegeben und an günstigerer Stelle eine Neuansiedlung versucht.

Die regionalen und jährlichen Unterschiede in der Sterblichkeit und die Sterblichkeitsursachen sind beträchtlich. Kormorane gehen beispielsweise in stark befischten Gewässern in großem Umfange zugrunde, weil sie sich in Fischnetzen verfangen. Über den Umfang dieser Todesursache herrscht Ungewißheit, weil die Fischer, die beim Einholen der Netze mit den toten Kormoranen konfrontiert werden, schweigen. In kalten Wintern kann es durch Nahrungsmangel zu erheblichen Verlusten kommen, was aus den Totfundmeldungen, die sich in bestimmten Gebieten häufen, leicht erkennbar ist. Die Überlebenschancen für Jungvögel in kalten Wintern sind besonders schlecht, wenn sie in großen Ansammlungen überwintern. Sie müssen dann mit den dominanten älteren Vögeln um die knappe Nahrung konkurrieren, wobei sie verständlicherweise benachteiligt sind.

Gefährdungen

Natürliche Feinde haben Kormorane kaum zu fürchten. In den Brutkolonien, soweit sie auf Bäumen angelegt sind, haben Bodenfeinde keine Chance und selbst Greifvögeln wie Seeadler und Wanderfalke, die ihnen gefährlich werden könnten, dürfte es kaum gelingen, einen Kormoran zu schlagen. Wo sie am Boden brüten, bietet die insulare Lage Schutz. Allenfalls könnte dort der Fuchs gefährlich sein. Bei der Nahrungsuche im Wasser gibt es ebenfalls keine natürlichen Feinde. Die größte Gefahr unter Wasser droht ihnen von Fischnetzen und Reusen.

Pestizide

Der Rückgang von Greifvögeln, allen voran des Wanderfalken, wurde zum Symbol der Janusköpfigkeit von Pflanzenschutzmitteln, die in der 50er und 60er Jahren ungebremst zur Intensivierung von Land- und Forstwirtschaft eingesetzt wurden. Der Kormoran fand damals noch wenig Aufmerksamkeit, doch der massenhafte Pestizideinsatz hat seinen „Aufstieg“, der in den 70er Jahren einsetzte, zumindest verzögert. Einen Beweis dafür liefert der enorme Rückgang in der holländischen Kolonie Wanneperveen in den 60er Jahren (VELDKAMP 1986). Zu Beginn der 70er Jahre waren Kormoraneier, die in den Niederlanden untersucht wurden, mit PCBs und DDE hoch belastet (KOEMAN et al. 1973). Dünnschaligkeit der Eier, hoher Pestizidgehalt in der Leber erwachsener Tiere (10 bis 100 mal höher als in der Nahrung) erhöhten die Sterblichkeit (SCHARENBERG & SCHULTZ

1992). Kormorane sind wie Greifvögel Spitzenpredatoren, die äußerst empfindlich auf Umweltgifte reagieren (BOUDEWIJN & DIRKSEN 1995).

Ölpest

An Meeresküsten droht Kormoranen Gefahr aus einer ganz anderen Richtung. Kormorane gehören an mit Öl verseuchten Stränden zu den besonders betroffenen Opfern. Das Bild des ölverschmierten Kormorans, das in Zusammenhang mit der Ölkatastrophe während des Feldzuges gegen den Irak um die Welt ging, ist zu einem Symbol für Ölverschmutzung geworden. Kormorane gehören zu den Wasservogelarten, die durch Ölverschmutzung als Folge von Tankerkatastrophen in besonderem Maße zu leiden haben. An der niederländischen und deutschen Nordseeküste werden verendete Kormorane mit veröltem Gefieder regelmäßig gefunden. Neuerdings verölen Kormorane und andere Wasservögel durch das bei Bohrungen im Offshore-Bereich das Wasser verschmutzende Öl.

4.4 Brutkolonien

Zur Brutzeit vereinen sich Kormorane in Kolonien, in denen die Paare ihre Nester bauen und die Jungen aufziehen (Abb. 16). Üblicherweise werden die Nester auf Bäumen gebaut, doch auch Bodenbruten, am ehesten auf Inseln, wo Bodenfeinde fehlen, sind keineswegs ungewöhnlich. In Dänemark brüten neuerdings etwa 40 % am Boden. In Schweden siedeln sich Bodenbrüter auf Inseln an, die der Küste unmittelbar vorgelagert und von Flachwasser umgeben sind. Bodenbrüter gibt es auch vor der Küste Estlands und in Polen.

Neuerdings mehren sich die Meldungen über Kolonien am Erdboden auch von der deutschen Ostseeküste, im Unterschied zu den Ansiedlungen auf felsigen Inseln in Schweden brüten sie auf sandigem Substrat. In Deutschland erschienen Bodenbrüter zuerst auf der kleinen Insel Heuwiese, die der Insel Rügen vorgelagert ist (Abb. 17). Die Nester wurden in Strandnähe in der Salzvegetation in gleicher Weise angelegt, wie es ansonsten Möwen und Seeschwalben tun. Über diese Siedlungsform wird auch von Inseln auf Seen in der Nähe der polnischen Ostseeküste berichtet (GORSKI & PAJKERT 1966, PAJKERT & GORSKI 1996). In wenigen Jahren wuchs eine Kolonie von 30 auf 250 Paare an. 1992 wurden in einer Kolonie im Slowinski-Nationalpark 480 Nester gezählt. Im Schutz der Kormorankolonie siedelten sich Silbermöwen an. Eine erfolgreiche Bodenbrut (allerdings nur ein Brutpaar) erfolgte 1995 auch im Hauke-Haien-Koog an der schleswig-holsteinischen Westküste (BERNDT & BUSCHE 1997).

Abb. 16 Brutansiedlung auf einer kleinen Insel im Mechower See (Mecklenburg-Vorpommern)

Abb. 17 Bodenbrütende Kormorane auf der Insel Heuwiese vor der Westküste der Insel Rügen

Zur Bodenbrut entschließen sich Kormorane wohl nur dann, wenn der Nahrungsreichtum des Gebietes verlockend ist, aber Bäume fehlen (Abb. 18). Auf den Inseln in Nordostpolen und der Insel Heuwiese ist genau das der Fall. Der Nahrungsreichtum der Gewässer ist für die Ansiedlung wichtiger als der Schutz, den das sonst übliche Brüten auf Bäumen bietet. Er wird durch die insulare Lage ersetzt. Der europäische Kormoran gleicht unter den gegebenen Bedingungen sein Verhalten zunehmend an das seiner südamerikanischen Verwandten an, die ja durchweg bodenbrütend sind.

Kolonien entstehen auf verschiedenem Wege. Sie können von der erfolgreichen Brut eines Paares ihren Ausgang nehmen. Einzelpaare, die erfolgreich brüten, sind nicht ungewöhnlich. Gelingt die Aufzucht der Jungen nicht oder wird das Paar beim Nestbau gestört, dann unterbleiben weitere Brutversuche am gleichen Ort. Bleibt das Paar (oder die Paare) ungestört, dann kann die Ansiedlung in wenigen Jahren auf Tausende Paare anwachsen. Es gibt auch Beispiele dafür, daß die Kolonie schlagartig mit sehr vielen Brutpaaren begründet wird. Feste Regeln lassen sich nicht erkennen. Am häufigsten erfolgt die Initialzündung für eine Koloniebildung allerdings durch die gleichzeitige Ansiedlung mehrerer Paare. Am ehesten finden sich brutwillige Tiere an Plätzen ein, die schon in den Jahren zuvor von Kormoranen inspiziert wurden. Gelingt es einem Teil der Tiere Junge aufzu-

Abb. 18 Bodenbrütende Kormorane in der Kolonie Naardermeer (Niederlande) – Die Kormorane sind nach dem Absterben der Bäume zum Bodenbrüten übergegangen

ziehen, dann kehren sie auch im nächsten Jahr zurück und weitere kommen hinzu. Bei Störungen oder erfolgloser Brut im Jahr der Erstansiedlung, unterbleiben in der Regel Brutversuche in der Folgezeit.

Gemischte Kolonien

Nicht selten erscheinen sich neu ansiedelnde Kormorane in Graureiherkolonien, nutzen also die bereits von diesen erprobte Standorteignung. In Bulgarien und Rumänien brüten sie auch mit Löfflern und Sichlern gemischt. Für die Graureiher bedeutet das Erscheinen von Kormoranen gewöhnlich das Aus für erfolgreiche Jungenaufzucht. Binnen weniger Jahre werden sie von den Brutplätzen verdrängt. Die Kormorane bauen ihre Nester an den besten Plätzen oder besetzen sogar die Nester der ursprünglichen Bewohner. Jedoch auch Fälle jahrelanger gemeinschaftlicher Nutzung einer Ansiedlung, also verträgliches Nebeneinander, ist durchaus möglich.

Koloniestandorte

Größere Kormorankolonien werden fast immer in der Nähe offenen Wassers angelegt, kleinere sind gelegentlich auch an Flußläufen und kleineren Seen zu finden (Abb. 19a). Große gut gedeihende Kolonien sind häufig die Basis für Absiedlungen in Entfernung bis zu 20–30 Kilometer von der Mutterkolonie.

Die Kolonien liegen immer in der Nähe ergiebiger Nahrungsgründe. In Dänemark befinden sich die großen Kolonien Vorso (Abb. 19b), Brandegard und Ormo südwestlich des Kattegats in der Region des Belts. Die Vögel brauchen nur wenige Kilometer zu fliegen, um die Nahrungsgebiete zu erreichen. In den Kolonien am IJsselmeer in den Niederlanden liegt das riesige Nahrungsareal unmittelbar vor ihnen. Auch die Kolonie Niederhof bei Stralsund (Mecklenburg-Vorpommern) und die große Kolonie an der Westküste der Insel Rügen liegen ganz in der Nähe der Nahrungsgebiete.

Eine wichtige Rolle für die Anlage der Kolonie spielt die Wassertiefe. An der Westküste Rügens ist das Wasser nur wenige Meter tief, jedoch außerordentlich fischreich. Die niederländischen Nahrungsgewässer sind nirgends tiefer als 10 Meter. Die dänischen Küstengewässer, in denen Kormorane nach Nahrung suchen, sind zwar bis zu 20 Meter tief, doch flachgründige Küstenabschnitte werden bevorzugt. Zwar können Kormorane tiefer als 20 Meter tauchen, doch sie nutzen das nur ausnahmsweise aus. Energetisch ist das verständlich. Je tiefer der Vogel tauchen muß, um an Beute zu gelangen, desto ungünstiger wird das Aufwand-Nutzen-Verhältnis.

Abb. 19 Teilansichten zweier großer Kormorankolonien zur Demonstration der Brutdichte und der Aktivität der Vögel

a Kolonie bei Peenemünde (Mecklenburg-Vorpommern)

b Kolonie Vorso (Dänemark)

Die Baumart ist für die Wahl des Standortes der Kolonie wenig bedeutsam. An binnenländischen Seen in Schweden wird oft die Kiefer gewählt; jedoch auch Birke und Eiche sind als Brutbäume geeignet. Die Nester wurden in Südschweden sogar auf Wacholderbüschen und Weißdorn angelegt. In den Flußauen von Oder und Havel stehen sie besonders auf Weiden, jedoch auch auf Erlen; an norddeutschen Seen auf Kiefern und Buchen. Aus Polen wird über Kormorannester auf Linden berichtet. Auf den Inseln in Stauseen in Tschechien sind Birken und Kiefern Nistbäume. Die Größe von Kormoranansiedlungen reicht von einem Paar bis über 8000 Paare. Die Verfügbarkeit von Bäumen, die Ergiebigkeit des Nahrungsgewässers und das Tempo des Koloniewachstums bestimmen die Koloniegröße und damit die Brutpaaranzahl. Kolonien mit 50 bis 500 Paaren sind häufiger als größere oder kleinere.

Horstbäume haben geringe Lebenschancen

Wenn man sich einer Kormorankolonie nähert, dann fallen schon aus der Ferne die wie gekalkt aussehenden Brutbäume auf (Abb. 20). Sie sind über und über mit

Abb. 20 Die Kormorankolonie am Bolzer See (Mecklenburg-Vorpommern) ist bereits auf große Entfernung an den vom Kot wie gekalkt wirkenden Bäumen zu erkennen. Das Bild vermittelt einen Eindruck von der abwechslungsreichen Jungmoränenlandschaft

Kot bespritzt, den die Jungen einfach über den Nestrand absetzen. Kormorankolonien bestehen deshalb nie lange am gleichen Ort, weil der stickstoffhaltige, scharf ätzende Kot das Absterben der Brutbäume bewirkt (Abb. 21a, b). Am ehesten halten noch Kiefern der Dauerverätzung stand. Laubbäume widerstehen dieser Tortur in der Regel nur wenige Jahre. Wenn sich die Kormorane in großen Wäldern angesiedelt haben, weichen sie einfach in die Nachbarschaft aus, so daß sich der betroffene Baumbestand erneuern kann. Der auf den Boden fallende Kormorankot begünstigt das Entstehen einer üppigen Bodenvegetation bestehend aus nitrophilen (stickstoffliebenden) Pflanzen. Unter Kormorankolonien wuchern nicht selten regelrechte Brennesselwälder.

Aus der Sicht des Forstmannes ist das Baumsterben durch Kormorankot problematisch, wenn es sich um Bäume von hohem forstlichem oder botanischem

Abb. 21 Kormorankolonie auf der Insel Tollow (Südosten der Insel Rügen, Mecklenburg-Vorpommern) – Nach mehrjähriger Ansiedlung sind die Bäume durch den Kormorankot weitgehend abgestorben
a Gesamtansicht

b Teilansicht der Nähe

Wert handelt. Nach GOETHE et al. (1978) wurde in Ostfriesland eine Brutansiedlung vernichtet, um die Weißtannen zu erhalten, auf denen Kormorane brüteten.

Insgesamt sind Kormorananansiedlungen aus forstlicher Sicht jedoch zu vernachlässigen, weil nur kleine Waldbereiche in Anspruch genommen werden.

4.5 Schlafplätze

Außerhalb der Brutzeit finden sich die tagsüber in Gruppen verteilten oder einzeln nach Nahrung fischenden Kormorane abends an bestimmten Plätzen ein, an denen sie dann die Nacht verbringen. Dabei kann es sich um isolierte

Baumgruppen, um Einzelbäume oder auch um Bäume inmitten eines geschlossenen Waldgebietes handeln. An der Küste werden auch rings von Wasser eingeschlossene Sandbänke gewählt, SELLIN (1986) berichtet sogar von einem Schiffswrack, das Kormoranen als nächtlicher Ruheplatz diente.

An einem Schlafplatz können sich kleine Trupps, Hunderte und auch Tausende Kormorane sammeln. Schlafplätze bilden sich ab Spätsommer, sobald die

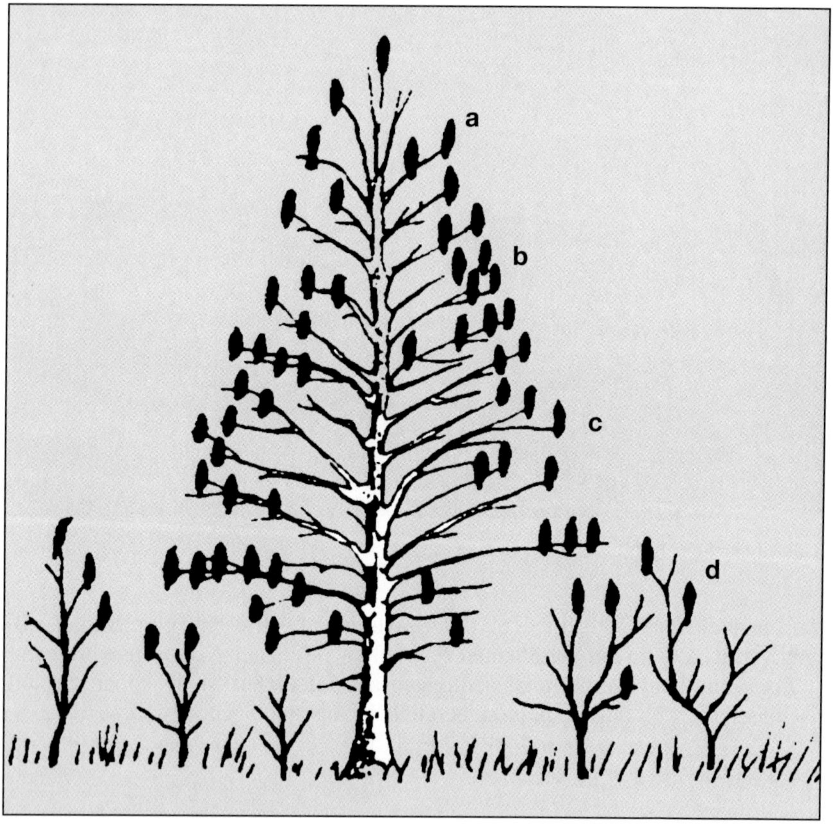

Abb. 22 Verteilung von Kormoranen nach Alter und Geschlecht im Schlafbaum
a Überwiegend Männchen
b Alte Männchen und Weibchen, junge Männchen
c Überwiegend alte Männchen und junge Männchen
d Alte Weibchen und junge Männchen überwiegend

Kormorane nach dem Verlassen der Kolonie ausschwärmen und geeignete Nahrungsplätze suchen. In gut besuchten Gebieten verteilen sie sich auf mehrere Schlafplätze. In Nordrhein-Westfalen sind 14 Schlafplätze bekannt, vor allem am Niederrhein und den vielen durch Auskiesung dort entstandenen Gewässern, die von den nach Freigabe mit Fischen besetzt werden, was die Attraktivität für Kormorane beträchtlich erhöht. Auch im Frühjahr, wenn die Kormorane aus den Winterquartieren zurückkehren, gibt es am Niederrhein Schlafplätze.

Der Anflug zum Schlafplatz beginnt in der Regel bei beginnender Dämmerung. Bei schlechtem Wetter und nach reichlichem Fischfang erscheinen die Kormorane früher als an anderen Tagen, im Winter eher als im Herbst. Letzteres ist bemerkenswert, weil während des kurzen Wintertages die Zeit für die Nahrungssuche begrenzt ist.

Der Schlafplatz wird gezielt angeflogen. Einzeln oder truppweise treffen die Vögel ein. Die Letzten erscheinen bei hereinbrechender Dämmerung. Es dauert lange, ehe am Schlafplatz völlige Ruhe einkehrt. Immer wieder fliegen einzelne Tiere oder kleine Trupps auf, drehen eine Runde und lassen sich dann an anderer Stelle nieder. Bei Sonnenaufgang wird der Schlafplatz verlassen. Die Tiere fliegen in alle Richtungen ab und verteilen sich im Gebiet. Am Tage kehren nur wenige zurück. Zwar bevorzugen sie kurze Strecken zwischen Schlaf- und Nahrungsplatz, doch auch Entfernungen bis zu 70 km werden zurückgelegt.

Schlafplatzgemeinschaften sind offene, anonyme Gesellschaften. Der Aufenthalt an Schlafplätzen bietet den Vorteil, während des Schlafens wenig gestört zu werden, entspricht also dem Schutzbedürfnis der Tiere. Sicherer Schlaf gehört zu den unabdingbaren Voraussetzungen für eine erfolgreiche Überlebensstrategie.

Wie lange sich bestimmte Tiere am gleichen Schlafplatz aufhalten und ob sie den gleichen Platz auch in aufeinanderfolgenden Jahren immer wieder aufsuchen, ist bisher zwar wenig untersucht worden, doch es liegen Beweise für erstaunliche Ortstreue vor. Markierte Tiere wurden an gleichen Schlafplätzen über Jahre hinweg immer wieder beobachtet. Derselbe Vogel wurde sogar immer wieder am gleichen Platz festgestellt. Die Ortstreue kann so weit gehen, daß der gleiche Vogel über lange Zeit den gleichen Sitzast auf einem bestimmten Schlafbaum benutzt (van Eerden & Munsterman 1986, Seitz 1986) und diesen auch gegen andere Vögel verteidigt (Reymond & Zuchuat 1995). Das wiederum hängt damit zusammen, daß die Plätze nicht gleichwertig sind. Besonders begehrt sind die Plätze im Spitzenbereich eines Baumes. Dort halten sich ganz überwiegend alte Männchen auf (Abb. 22). Die Jungtiere und auch die erwachsenen Weibchen werden auf die unteren Etagen des Schlafbaumes abgedrängt (van Eerden & Munsterman 1995). Biologisch ist diese Art der Verteilung gut verständlich. Die alten Männchen können aus der Spitzenposition heraus die Gegend mustern und

Abb. 23 Kormoranansammlung am Schlafplatz im Teichgebiet Peitz

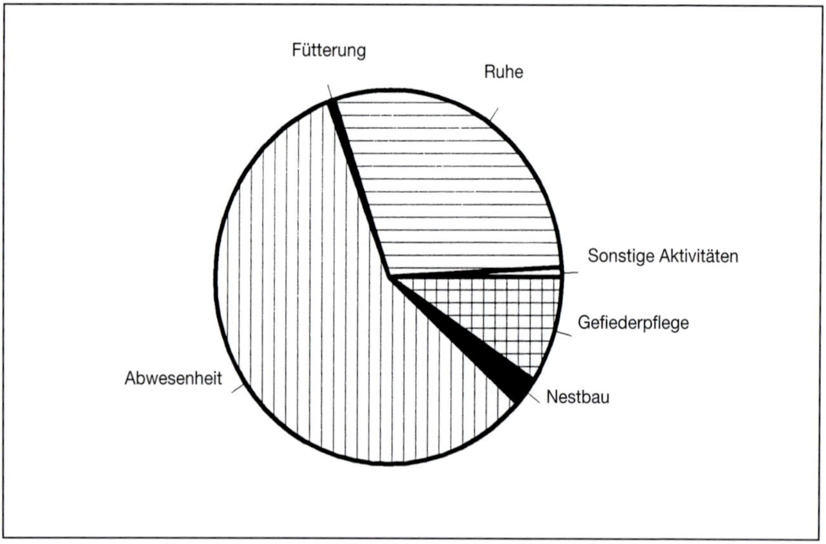

Abb. 24 Zeitbudget von Kormoranen während der Jungenaufzucht (nach GREMILLET & SCHMID [1993], verändert)

Gefahren rechtzeitig erkennen. Mit der Platzwahl übernehmen sie gewissermaßen die Verantwortung für die ganze Gruppe.

Wenn Kormorane mehrfach am Schlafplatz gestört werden, dann verlassen sie diesen und lassen sich an anderer Stelle nieder. Nicht selten wird das Rastgebiet gewechselt. Dieses Verhalten ist ein Beweis für ihre ausgeprägte Lernfähigkeit.

Tradition und flexibles Lernen wirken beim Kormoran eng zusammen. Auch von Wildgänsen ist bekannt, daß sie teilweise über viele Jahre hinweg am gleichen Platz festhalten.

Auch tagsüber lieben Kormorane das gesellige Ausruhen. Sobald sie hinreichend gesättigt sind, suchen sie am Ufer Bäume, Sandstreifen oder ans Ufer grenzende Grünstreifen auf, wo sie sich niederlassen (Abb. 23). Das Verhalten an Tagesruheplätzen wechselt. Zeitweilig wird das Gefieder gepflegt, zeitweilig der Kopf ins Gefieder gesteckt und geschlafen (Abb. 24).

Das Sozialverhalten der Kormorane ähnelt also weitgehend dem anderer sozial lebender Vögel, beispielsweise dem der Krähenvögel und Möwen.

4.6 Wanderungen

Kormorane führen innerhalb des von ihnen bewohnten Gesamtareals weiträumige Wanderungen aus. Sobald die Jungen flugfähig sind, verlassen sie die Brutkolonie, und Alt- und Jungvögel verteilen sich in der näheren und weiteren Umgebung und suchen fischreiche Gewässer auf. Im Herbst ziehen sie zu den im südlichen Europa und Nordafrika gelegenen Winterquartieren, aus denen sie im Frühjahr im Direktzug in die Brutkolonien zurückfliegen (Abb. 25).

Die verschiedenen Formen der Wanderungen, der zeitliche Verlauf und das Verhalten während der Wanderungen sind in den letzten Jahrzehnten gut untersucht worden, vor allem von dänischen und niederländischen Wissenschaftlern. Wichtigste Untersuchungsmethode ist die Beringung nestjunger Tiere mit Leichtmetall-Fußringen, wie sie in der Vogelforschung üblich sind und mit farbigen Plastik-Fußringen, deren Farbe Auskunft über das Herkunftsland gibt (Abb. 26). In die Ringe sind Buchstaben und/oder Zahlen eingraviert. An der Kormoranforschung interessierte Wissenschaftler und Amateurornithologen lesen im Felde mit Hilfe eines leistungsstarken Fernglases den Buchstaben-Zahlen-Code ab, und melden die Beobachtung an eine Vogelwarte, von wo aus eine Nachricht an die Untersucher erfolgt. Es wird geschätzt, daß in Europa in den letzten Jahrzehnten über 30 000 nestjunge Kormorane mit Farbringen gekennzeichnet wurden und Tausende Ringablesungen gemeldet wurden. Über die Untersuchung der Wanderungen hinaus ist es möglich, aus den Meldungen über Ringablesungen das Lebensschicksal einzelner Tiere bis in Details zu verfolgen, Aufschluß über die Überlebenschancen (Sterblichkeit), das Lebensalter und das Sozialleben der Kormorane zu gewinnen.

Zerstreuungswanderungen nach der Brutzeit

Nach dem Flüggewerden der Jungvögel verlassen die Kormorane die Kolonie, schließen sich in kleineren und größeren Trupps zusammen und verteilen sich sowohl längs der Küsten von Nord- und Ostsee wie an Gewässern im Binnenland. Feste Regeln über die Orte, die sie wählen und die zahlenmäßige Stärke, in der sie erscheinen, lassen sich nicht aufstellen. Im Wattenmeer nahe der Insel Sylt sammeln sich im August 1000–1500 Kormorane (1992/94), die dann die dort in dieser Zeit reichlich vorhandenen jungen Plattfische jagen (NEHLS & GIENAPP 1997). Noch größere Konzentrationen befinden sich weiter nördlich im Wattenmeer bei

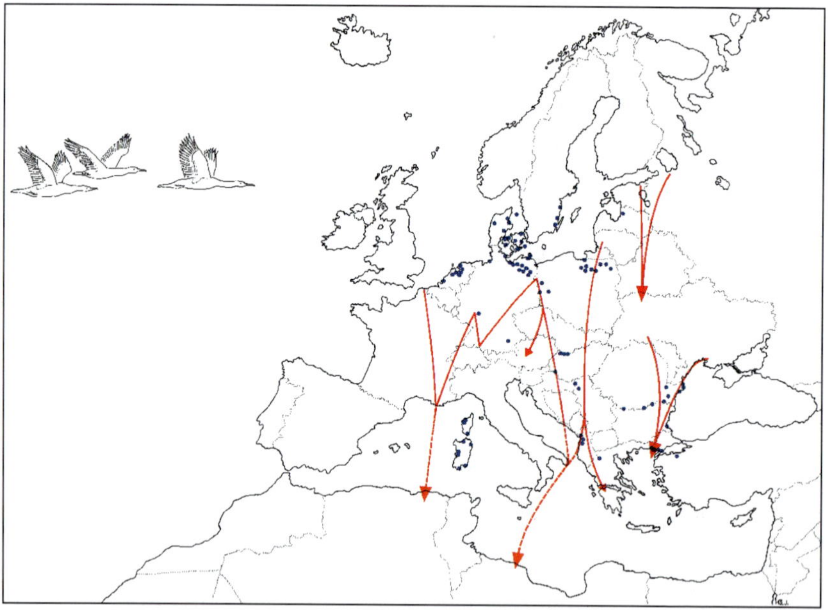

Abb. 25 Herbstwanderungen und Brutgebiete des Kormorans

der Insel Fano, wo sich bis zu 4000 sammeln. Mehrheitlich stammen diese Tiere aus den nicht weit entfernten dänischen Brutkolonien.

Diese Art der Verteilung ist das Ergebnis einer Zerstreuungswanderung. Vorzugsrichtungen treten nicht hervor. Vögel, die in Kolonien beringt wurden, erschienen bereits 6 Wochen nach der Kennzeichnung nördlich in der größten dänischen Brutkolonie Vorso (SCHMIDT 1989). Auch westwärts gerichteter Zug in die Niederlande ist gut belegt. Zerstreuungswanderungen sind auch für junge Kormorane aus Kolonien in Polen und Tschechien charakteristisch (SCHMIDT 1989). Die Zerstreuungswanderungen bewirken eine weiträumige Verteilung der Vögel und dadurch eine bessere Ausnutzung geeigneter Nahrungsquellen im betreffenden Areal.

Ob Kormorane eines bestimmten Brutareals ein bestimmtes Wanderverhalten bevorzugen, ist nicht bekannt. Individuell scheint festgelegt zu sein, ob ein Tier zu den „Wanderern" oder zu den „am Ort Bleibenden" gehört, denn markierte Vögel wurden in aufeinander folgenden Jahren jeweils an etwa gleichen Plätzen im Winterquartier festgestellt (YESOU 1995). Das weist auf Ortstreue hin, Festhalten am gleichen Überwinterungsgebiet. Unterschiede im Wanderverhalten gibt es auch zwischen Alt- und Jungvögeln. An den Herbstrastplätzen in Frankreich erscheinen im Oktober zuerst die diesjährigen Jungvögel und Zweijährige. Erst später folgen Altvögel. In den Überwinterungsquartieren erscheinen Kormorane, die aus verschiedenen Brutgebieten stammen. Sie treffen etwa zeitgleich ein. Das wurde sowohl in Frankreich wie in der Schweiz festgestellt. In der Schweiz erscheinen sowohl dänische, wie schwedische, ostdeutsche und polnische Vögel (REYMOND & ZUCHUAT 1995).

Im Wanderverhalten gibt es Unterschiede zwischen den Geschlechtern. Alte Männchen bleiben im Winter in vergleichsweise größerem Teil im Brutgebiet oder in dessen Nähe als andere Altersgruppen. Die weitesten Wanderungen werden von jungen Weibchen ausgeführt (VAN EERDEN et al. 1995). Sie erscheinen dann im Frühjahr später im Brutareal, so daß in dieser Jahreszeit das Geschlechterverhältnis zunächst zugunsten der Männchen verschoben ist. Die in der Nähe verbleibenden Männchen entgehen den Gefahren, die mit Wanderungen zwangsläufig verbunden sind. Ein weiterer Vorteil liegt in der frühzeitigen Rückkehr in die Kolonie, angepaßt an die jeweiligen Witterungsbedingungen. Wer rechtzeitig kommt, kann die besten Plätze besetzen!

Während der Wanderungen durchqueren die Kormorane das mitteleuropäische und westeuropäische Binnenland. Dabei verweilen sie unterschiedlich lange an Flüssen, Seen, Teichen und anderen binnenländischen Gewässern. YESOU (1995) hat die Verweildauer an individuell markierten Vögeln, die an Rastplätzen in Frankreich erschienen, untersucht. Es gibt Tiere, die nur wenige Tage bleiben und andere, die sich wochenlang im Gebiet aufhalten und dann erst weiterziehen.

In ihrem Wanderverhalten unterscheiden sich Kormorane jedoch von anderen wandernden Vogelarten dadurch, daß nur ein Teil zieht, und die anderen im Brutgebiet bleiben oder die Wanderung erheblich abkürzen. Kormorane sind also sowohl Zug- wie Strich- und Standvögel. In der mitteleuropäischen Brutpopulation sind alle Varianten vertreten. Hinzu kommt, daß sie auch rasch die Zugrouten wechseln, wenn neue Bedingungen eintreten.

Früher blieben nur vereinzelt Kormorane im westlichen Ostseegebiet zurück. Das hat sich verändert. Immer mehr bleiben im Brutgebiet, vielfach sogar in der Nähe der Brutkolonien. Die Abkürzung des Zugweges bzw. der gänzliche Verzicht auf den Zug ist eine neue „Strategie", die auch bei anderen Vogelarten (Wildgänse, einige Kleinvogelarten) beobachtet wird. Die Überlebenschancen sind besser, wenn die gefahrvolle Wanderung vermieden wird. Wer im Lande überwintert, hat außerdem den Vorteil, im Frühjahr zuerst in der Kolonie erscheinen und einen günstigen Brutplatz besetzen zu können. Daraus ergibt sich ein erheblicher Vorteil für den Bruterfolg im Vergleich zu den Fernziehern. Geraten die Zurückbleibenden allerdings in einen kalten Winter, dann kann es zu erheblichen Verlusten kommen oder die Kondition wird doch zumindest stark geschwächt. In solchen Fällen sind die Fernzieher im Vorteil. Sie kehren in besserer körperlicher Verfassung in die Brutgebiete zurück als ihre im Brutareal überwinternden Artgenossen.

Es gibt auch Angaben, die auf das Festhalten an bestimmten Gewohnheiten hindeuten. YESOU (1995) kontrollierte einen markierten Kormoran vom 04. bis

Abb. 26 Mit Fußringen gekennzeichneter Kormoran
Rechter Fuß: Farbiger Plastering mit Buchstabenkombination
Linker Fuß: Leichtmetallring einer Vogelwarte

30. 10. 1987 in seinem Beobachtungsgebiet. Der Vogel überwinterte etwa 200 km südlich und erschien auf dem Heimzug wieder im Beobachtungsgebiet. Wie schwer es ist, Allgemeingültiges festzuhalten, zeigt das Beispiel eines anderen Vogels, der im Beobachtungsgebiet vom 14. 11. 85 bis zum 06. 02. 1986 überwinterte und im nachfolgenden Winter in Südwestengland festgestellt wurde.

Die Ursache für dieses verschiedene Wanderverhalten, einerseits dem Festhalten an einem bestimmten Muster und andererseits einer mehr nomadischen Strategie, lassen sich am ehesten mit dem Phänomen des Polyethismus erklären. Danach sind in jeder funktionierenden Tierpopulation von vornherein sich unterschiedlich verhaltende Individuen vorhanden. Es gibt kein „Durchschnittsverhalten", sondern ein Ensemble von Individuen, die sich, in der Regel wohl genetisch determiniert, unterschiedlich verhalten. Der Begriff Polyethismus wird auf das Verhalten bezogen, analog zum Begriff Polymorphismus, der in der Morphologie üblich ist.

In den Wanderzügen ziehen Hunderte Kormorane gemeinsam. Im Unterschied zu wandernden Wildgänsen und Kranichen fliegen sie in nur geringer Höhe längs der Flüsse oder über Seen und Teiche. In unregelmäßigen Abständen unterbricht die Wandergemeinschaft den Zug zu kurzzeitiger Rast (oft nur für wenige Stunden). Die Zuggemeinschaften sind also äußerst mobil und flexibel und dadurch in der Lage, rasch neue Nahrungsquellen zu erschließen.

4.7 Überwinterung

Der Wegzug in die südlich des Brutareals gelegenen Rast- und Überwinterungsgebiete setzt erst im Frühherbst spürbar ein. Die Winterquartiere der im westlichen Ostseegebiet und im ostdeutschen Binnenland brütenden Kormorane befinden sich in Süd- und Südosteuropa. Sie reichen südwärts bis ins Mittelmeergebiet. Um die am weitesten südlich gelegenen Ziele zu erreichen, müssen etwa 2500 km zurückgelegt werden. Ein Teil überquert sogar das Mittelmeer und überwintert in Tunesien und Algerien an Gewässern nahe der nordafrikanischen Küste. Im Spätherbst verlassen die Kormorane die nord- und mitteldeutschen Gewässer und ziehen südwärts. Das Überwinterungsgebiet beginnt bereits an den Voralpengewässern.

Überwinterungsgebiete in der südlichen und westlichen Ostsee mit größeren Ansammlungen befinden sich an der südschwedischen Küste und im Bereich der dänischen Inseln. Auch an der deutschen Ostseeküste bleibt in den letzten Jahren ein zunehmend größerer Teil der dort im Sommer rastenden Kormorane zurück. Schon Mitte der 70er Jahre begannen sich dort Überwinterungstraditionen auszubilden (SELLIN 1986). Ein wichtiges Überwinterungsgebiet ist der südöstliche Greifswalder Bodden. Dort überwintern bis zu 1000 Kormorane. Die Kormorane sammeln sich an günstigen fischreichen Stellen. Die größten Ansammlungen stellte SELLIN (1986) am Kühlwasserauslauf des Kraftwerks Lubmin fest, wo die Wassertemperatur etwas höher ist als in der Umgebung und sich Jungfische in großen Schwärmen ansammeln.

In der Schweiz setzte der Anstieg an Überwinterern in der Mitte der 70er Jahre ein, parallel zum Anstieg in den Brutgebieten (Niederlande und Dänemark). In Süddeutschland, Österreich und in der Schweiz hat die Anzahl der Überwinterer in den 90er Jahren weiter zugenommen.

5 Ernährung

Kormorane sind darauf spezialisiert, sich von Fischen zu ernähren. Das wurde ihnen in der Vergangenheit zum Verhängnis und bestimmt auch gegenwärtig das bei Fischern und in weiten Teilen der Öffentlichkeit vorhandene Negativbild.

In der Diskussion um den Schaden, den Kormorane durch den Fischverzehr der Fischerei zufügen, stehen zwei Fragen im Vordergrund: Wieviel Fisch wird täglich von einem Kormoran verspeist und welche Arten werden besonders bevorzugt? Wenn der tägliche Nahrungsbedarf eines Kormorans hinreichend genau bekannt ist, und Anzahl und Dauer des Aufenthaltes der Kormorane, die sich an einem Gewässer aufhalten, ermittelt wird, dann läßt sich die Fischmenge errechnen, die diese vertilgen. Damit hat man einen Richtwert für gegebenenfalls erforderlichen Schadensausgleich, Schadabwehr und Maßnahmen anderer Art. Die zweite Frage ist genauso wichtig, denn es ist keineswegs gleichgültig, ob von den Kormoranen Aale oder Güstern verzehrt werden.

In den letzten Jahren sind Nahrungsmenge und Nahrungsspektrum des Kormorans recht gut untersucht worden (z. B. SUTER 1991, KELLER 1995, VELDKAMP

Abb. 27 Die Körperhöhle und der Magen eines Kormorans wurden für die ernährungsökologische Untersuchung geöffnet. Inhalt: Ein ungewöhnlich großer Karpfen

1995, SEICHE & WÜNSCHE 1996). Trotzdem tauchen immer wieder obskure Vorstellungen über die Fischmengen auf, die Kormorane vertilgen können.

Bei Untersuchungen über den Nahrungsbedarf des Kormorans sind Brutzeit, Mauser und Wanderungen gesondert zu berücksichtigen, und auch der Bedarf der Jungvögel ist ein Thema für sich. Zu beachten sind ferner die Veränderungen im Nahrungsspektrum im Jahresverlauf. Alle diese Aspekte sind bei Aussagen über den Nahrungsbedarf und die Ernährungsweise des Kormorans zu berücksichtigen. Oft genug geschieht das nicht. Insbesondere bei Schadensberechnungen wird häufig vereinfacht und die Komplexität des Problems ignoriert.

5.1 Untersuchungsmethoden

Zur Untersuchung der Ernährungsweise des Kormorans dienen verschiedene Methoden, die kurz vorgestellt werden.

Fütterungsversuche

Wieviel Fisch ein Kormoran täglich frißt, läßt sich überschläglich auf recht einfache Weise an Tieren ermitteln, die in Gefangenschaft gehalten werden und mit vorgegebenen Mengen Fisch gefüttert werden. Die dabei erzielten Ergebnisse las-

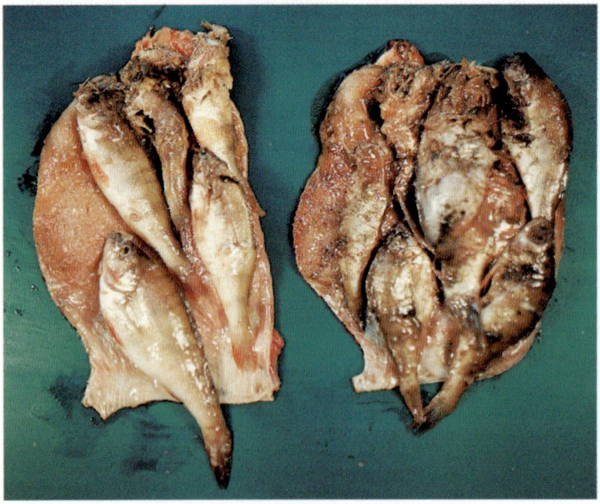

Abb. 28 Geöffnete Kormoranmägen mit Inhalt. Rechts bereits stark angedaute Fische, links frisch verschluckte Fische

sen sich jedoch nicht ohne Weiteres auf freilebende Vögel übertragen, weil der sich bewegende, kilometerweit fliegende Vogel mehr Energie verbraucht als ein in Gefangenschaft gehaltener und dementsprechend auch mehr Nahrung benötigt. Dieser Unterschied läßt sich durch Untersuchung des Energieverbrauchs in Ruhe und Bewegung recht gut klären.

Mageninhaltsuntersuchungen

Mageninhaltsuntersuchungen wurden überwiegend an geschossenen oder ertrunkenen Tieren durchgeführt (Abb. 27). Nach Öffnung des Körpers wird der Magen herauspräpariert, der Inhalt gewogen und die Fischarten anhand der Schuppen (Form und Struktur von Schuppen sind ein Identifikationsmerkmal für Fischarten) oder bei gutem Erhalt augenscheinlich bestimmt.

Mageninhaltsuntersuchungen dienen vorrangig der Ermittlung des Artenspektrums. Der tägliche Gesamtverzehr kann dabei nicht exakt bestimmt werden, weil nicht beurteilt werden kann, ob der Kormoran die benötigte Nahrungsmenge bereits aufgenommen oder mit dem Fischfang erst begonnen hatte (Abb. 28). Außerdem ist die Nahrung bei Beginn der Sektion häufig schon zu weit verdaut.

Speiballenanalyse

Kormorane würgen unverdauliche Speisereste, die in ein von der Magenwand abgesondertes schleimiges Sekret eingehüllt sind, als Speiballen aus der Mundhöhle heraus. Das geschieht in der Regel frühmorgens, bevor die Tiere den Schlafplatz verlassen. Die Speiballen liegen deshalb gehäuft an Schlafplätzen. Im Durchschnitt wird täglich ein Speiballen gebildet.

Speiballen sind für die qualitative Analyse der Nahrung hervorragend geeignet, weil sich aus den in ihnen enthaltenen Gräten und Otolithen (feste aus Kalk bestehende Einschlüsse im Fischohr) die Fischart recht genau bestimmen läßt (Abb. 29). Der tägliche Fischverzehr läßt sich mit dieser Methode nur ungenau bestimmen, schon deshalb, weil nicht alle Otolithen gefunden werden und die Ergebnisse dann zu wenig aussagekräftig sind.

Speiballen werden nur von erwachsenen Kormoranen produziert. Die Jungvögel verdauen den gesamten Fisch. Erst nach dem Ausfliegen beginnt auch der Nachwuchs mit der Bildung von Speiballen.

Über die Speiballen werden unverdauliche Speisereste beseitigt. Sie enthalten oft auch Nematoden. Vielleicht werden auf diesem Wege auch Parasiten beseitigt, zumal sich nicht in allen Speiballen Fischreste befinden.

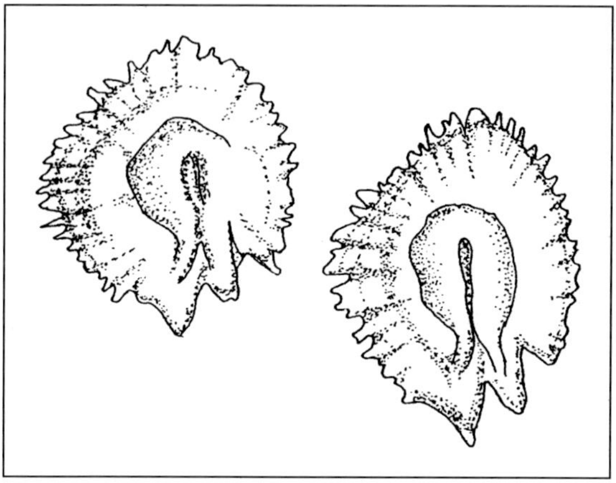

Abb. 29 Otolithen dienen der Bestimmung der Fischarten in der Nahrung des Kormorans – Otolith des Bleis (*Abramis brama*)

Schwerwassermethode

Da über die Mageninhaltsuntersuchungen und die Speiballenanalyse die täglich aufgenommene Nahrunsgsmenge allenfalls geschätzt werden kann, ist von KELLER & VORDERMEIER (1994) ein in der Tierphysiologie übliches genaue Meßwerte lieferndes Verfahren zur Mengenbestimmung eingesetzt worden. Dabei wird an gefangenen Vögeln die tägliche CO_2-Abgabe mittels doppelt markiertem Wasser gemessen (Einzelheiten zur Methode bei KELLER & VORDERMEIER a. a. O.). Die Methode beruht darauf, daß eine feste Beziehung zwischen CO_2-Produktion und O_2-und Energieverbrauch besteht. Die Methode hat allerdings eine Reihe von Nachteilen. Es werden große Blutprobenmengen benötigt, die Tiere müssen zweimal gefangen und zur Blutentnahme narkotisiert werden. Sie ist also überaus zeit- und kostenintensiv.

Metabolismusbestimmung

Der Existenzmetabolismus wurde von WORTMANN & SPRATTE (1997) an in Käfigen gehaltenen Kormoranen, die keine Möglichkeit zum Fliegen hatten, getestet. Dabei ging es darum, die zum Lebenserhalt notwendige minimale Nahrungsmenge zu ermitteln. Sie liegt zwischen 100 und 260 g. Mit 190 g wurde ein Mittelwert gefunden, von dem aus der Leistungszuwachs frei fliegender Tiere berechnet werden kann.

5.2 Nahrungsbedarf

Über die Nahrungsmenge, die ein Kormoran täglich frißt, gab es in der Vergangenheit die wildesten Spekulationen. Unstillbarer Hunger und Fischverzehr über das Körpergewicht hinaus wurden ihm nachgesagt. In der „Naturgeschichte der Vögel" von BERNDT & MEISE (1966) heißt es lapidar: „Die gefangenen Fische werden verschluckt, täglich etwa halb so viel wie das halbe Gewicht des Vogels".

Recht genaue Untersuchungsergebnisse haben den Gerüchten über die enormen Freßleistungen der Kormorane längst der Boden entzogen. Als Grundwert für überschlägliche Berechnungen wird allgemein ein Tagesbedarf von 500 g zugrundegelegt. Dieser Wert liegt an der oberen Grenze. Realistischer sind 400 bis 500 g täglich. Noch geringer wird der Nahrungsverzehr nach stoffwechselphysiologischen Untersuchungen (GREMILLET & SCHMID 1993) eingeschätzt. Die Autoren errechneten einen Durschschnittsverbrauch von 243 g, der während der Aufzucht der Kücken auf 320 g und der Fütterung der Dunenjungen auf 593 g ansteigt. Als Durchschnittsmenge während der Kückenaufzucht geben sie 428 g an. VOSLAMBER (1988) errechnete 330 g Tagesbedarf.

Länge und Gewicht der erbeuteten Fische

Untersuchungen an norddeutschen Gewässern ergaben 20 cm als bevorzugte Fischlänge. Nach KIEKBUSCH (1993) liegt die Länge der Beutefische an der Ostsee zwischen 10 und 20 cm. Rekordlängen, so 70 cm für einen Aal, sind ausgesprochene Ausnahmen. Beutefische, die kleiner als 5 cm sind, werden ebenfalls nur äußerst selten gefressen. Die Länge des Fisches wird durch das Verhältnis Körperlänge zu Körperhöhe begrenzt. Je ungünstiger es für die Schlingbarkeit ist, wie bei Güster, Blei und Karpfen, desto stärker ist die Beutefischlänge begrenzt (Abb. 30).

Das Gewicht liegt je nach Fischart zwischen 50 und 200 g. Die Spitzenwerte, besonders für Hecht, Aal und Zander liegen höher, sind aber Ausnahmen. Die Tagesration liegt also knapp unter 20 % des Körpergewichts, ein Wert, der auch für andere fischfressende Vögel zutrifft.

5.3 Verhalten beim Nahrungserwerb

Kormorane fangen Fische, indem sie ihnen tauchend nachstellen. Da diese schnell und äußerst gewandt schwimmen und rasch den Aufenthaltsort wechseln, müssen

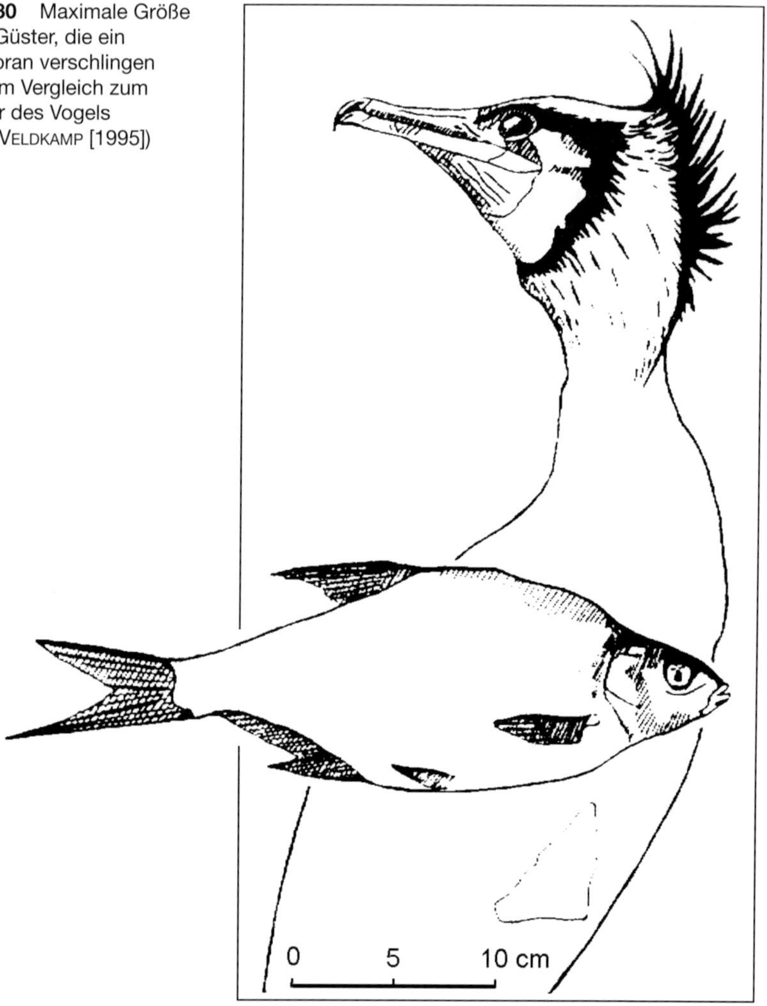

Abb. 30 Maximale Größe einer Güster, die ein Kormoran verschlingen kann im Vergleich zum Körper des Vogels (nach VELDKAMP [1995])

die Kormorane ihre Beute in diesen Fähigkeiten noch übertreffen. Für den Fischfang sind von Kormoranen 2 Strategien entwickelt worden: Die Einzel- und die Gemeinschaftsjagd.

Einzeljagd

Üblicherweise fischt jeder Kormoran für sich allein. Das Eintauchen ins Wasser vollzieht sich aus dem Schwimmen heraus ganz plötzlich. Er schwimmt gewöhnlich mit leicht angehobenem Kopf. Beim Eintauchen kippt er ohne sichtbare Anstrengung nach vorn über. Vor dem Tauchgang steckt er den Kopf ins Wasser und späht in dieses hinein. Oberflächlich schwimmende Fische werden dabei sicher bereits geortet, in größeren Tiefen befindliche werden dann beim Tauchen entdeckt. In trübem Wasser oder bei Wellengang taucht er nach oberflächennahen Fischen auf bloßen Verdacht. Häufig genug gelingt der Fang nicht, und er erscheint ohne Beute.

Der Fisch wird gewöhnlich mit dem Hakenschnabel hinter den Kiemen gegriffen. Ist er nur von geringer Länge, dann wird er bereits unter Wasser oder sofort nach dem Auftauchen verschluckt. Mit einem größeren Fisch fliegt der Kormoran auf einen Reusenpfahl oder ans Ufer, um ihn dort in Ruhe zu verzehren. Reusenpfähle können auch als Ansitz dienen, von denen aus sich die Tiere mit dem Kopf voran zum Fischfang ins Wasser stürzen (Abb. 31).

Gemeinschaftsjagd

In der langen Stammesgeschichte haben sich die Kormorane eine Strategie des Beuteerwerbs angeeignet, die es im Vogelreich nur ausgesprochen selten gibt,

Abb. 31 Reusenpfähle sind beliebte Ruheplätze während und nach der Jagd – Kormorane vor der Insel Langenwerder an der Ostseeküste

nämlich die gemeinschaftliche Fischjagd. Daran können Hunderte, ja sogar Tausende Kormorane beteiligt sein. Dazu ordnen sie sich in Linien oder Halbkreisen und schwimmen in eine bestimmte Richtung. Dem Beobachter solcher Gemeinschaften bleibt verborgen, daß sie einem Fischschwarm folgen, der vor ihnen herschwimmt und auf diese Weise in eine bestimmte Richtung, beispielsweise in eine Bucht gelenkt und immer stärker konzentriert wird.

Diese Leistung ist schon erstaunlich genug. Doch die Fangtechnik ist noch ausgefeilter. Die Schwimmgeschwindigkeit der Kormorane ist genauestens auf die der Fische abgestimmt. Schwimmen die Fische schneller, dann erhöhen auch die Kormorane das Tempo und umgekehrt (Abb. 32). Auch die Treibrichtungen wird verändert. Sie richtet sich nach dem Verhalten der Fische, das durch einzelne Kormorane, die unter den Fischschwarm tauchen und versuchen, die Fische ins hellere oberflächennahe Wasser zu drücken, wo sie leichter erbeutbar sind (Abb. 33). Die in dichtem Verband schwimmenden Kormorane treiben die Fische vor sich her und versuchen sie in flaches Wasser zu lenken, so daß es für diese irgendwann kein Entweichen gibt. Das ist der Zweck der Übung. In Flachwasser gedrängte Fischschwärme sind wie ein bestens gedeckter Tisch, und die Kormorane bedienen sich dann entsprechend.

Zu Gemeinschaftsjagden finden sich die Tiere bevorzugt von März bis November zusammen. Dabei spielt sicher eine Rolle, daß viele Fischarten in der warmen

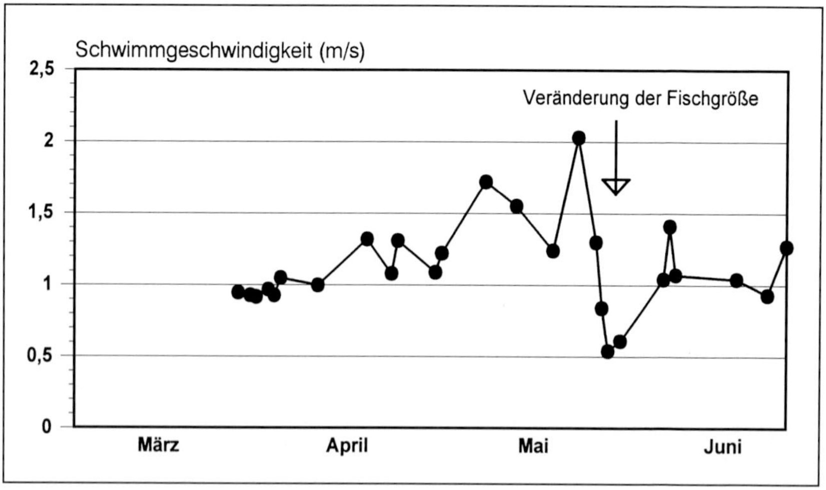

Abb. 32 Schwimmgeschwindigkeit gemeinsam fischender Kormorane in Abhängigkeit von der Jahreszeit und der Fischgröße

Jahreszeit Schwärme bilden. Gemeinschaftsjagd auf einzeln schwimmende Fische lohnt sich nicht.

Die Taktik des Gemeinschaftsfischens bei Kormoranen ist zwar seit langem bekannt, jedoch erst seit Beginn der 50er Jahre wurde sie in den Niederlanden regelmäßig beobachtet (VAN DOBBEN 1952). Jetzt ist sie dort die am meisten praktizierte Fischfangmethode. Im IJsselmeer jagen Kormorane auf diese Weise Stinte. Gemeinschaftlich fischende Kormorane stammen gewöhnlich aus der gleichen Kolonie. Außerhalb der Brutzeit fischen auf dem IJsselmeer bis zu 10 000 Kormorane (VELDKAMP 1994). Nach VAN EERDEN & ZIJLSTRA (1986) wurden dort im Sommer bis zu 8000 Kormorane bei gemeinschaftlicher Fischjagd beobachtet, Ansammlungen von 2000 bis 4000 sind nicht ungewöhnlich.

In der Schweiz ist gemeinschaftliches Fischen vom Zürichsee und vom Zuger See bekannt, wo die Vögel auf diese Weise vor allem Plötzen und Barschen nachstellen. Dabei gehen bis zu 1000 Kormorane gemeinsam auf Jagd.

Ein eindrucksvolles Beispiel für diese Form des Beuteerwerbs beschreibt SELLIN (1986): „2 annähernd gleich große Gruppen (insgesamt 630 Tiere) versuch-

Abb. 33 Gemeinsam fischende Kormorane untertauchen einen Fischschwarm und „drücken" die sich tief in der „Dunkelzone" aufhaltenden Fische aufwärts, wo sie dann leichter gefangen werden können

ten, in 5- bis 10facher Reihe gestaffelt, offensichtlich einen Kleinfischschwarm durch heftiges Flügel- bzw. Schwanzschlagen, Vorwärtsflattern, Beutetauchen in den Bereich einer Sandbank zu treiben. Beutetauchende Kormorane waren alle 30–50 Sekunden erfolgreich. Sie tauchten mit 4–5 cm großen Fischen auf, die über Wasser verzehrt wurden. Nach etwa 30 Minuten war der gemeinsame Fischfang beendet."

Extrem große Scharen jagten Kleinfische im Sommer 1992 auf dem Großen Plöner See in Schleswig-Holstein (Abb. 34). Bis zu 4500 Kormorane verfolgten Kleinfischschwärme, vor allem Kaulbarsche und kleine Barsche, die oberflächennah schwammen (KNIEF 1994). Auch in anderen größeren Gewässern sind es die Kleinfischschwärme, denen die Kormorane in gemeinschaftlicher Jagd nachstellen.

An binnenländischen Seen ist gemeinschaftliches Fischen inzwischen weit verbreitet. Im Detail ist die Taktik äußerst variabel und richtet sich nach den jeweiligen örtlichen Gegebenheiten. Am Gülper See (Land Brandenburg) fliegen Trupps in Kettenform aus der Kolonie zu einem bestimmten Punkt auf das Gewässer, wo sie sich formieren und in eine bestimmte Richtung zu schwimmen beginnen. Immer neue Kormorane kommen hinzu, so daß der Jagdverband an Länge gewinnt. Einzelne Kormorane tauchen und treiben dadurch die bejagten Fische voran. An-

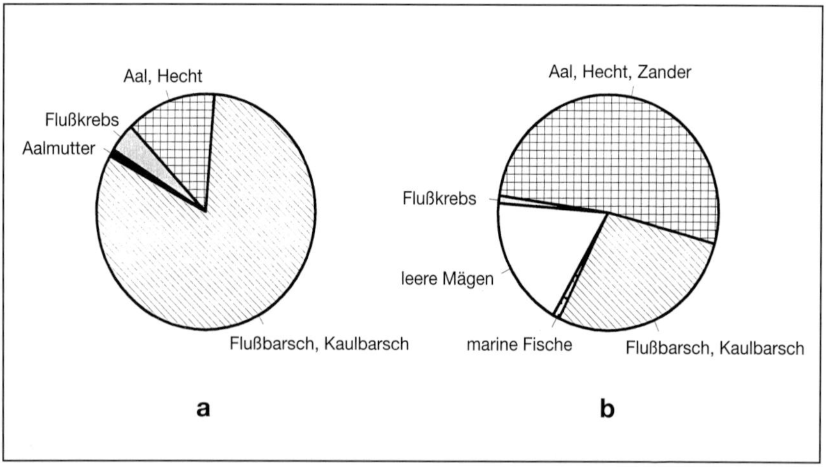

Abb. 34 Vergleich des Beutespektrums bei Schwarm-und Einzeljagd (nach KIECKBUSCH & KOOP (1996), verändert)
a Schlafplatz Großer Plöner See, überwiegend Gemeinschaftsjagd
b Nahrungsgewässer Kellersee, Einzeljagd

dere schlagen mit den Flügel auf die Wasseroberfläche, was die Fische wahrscheinlich ebenfalls beunruhigt. Außerdem gibt es Vögel, die dem jagenden Trupp voranfliegen, sich auf dem Wasser niederlassen und sich dann von der anderen Seite her nähern. Auf diese Weise werden die gejagten Fische eingekreist. Die Dynamik während des gemeinsamen Fischens ist beträchtlich. Ständig kommen neue Kormorane hinzu und solche, die bereits erfolgreich gefischt haben und gesättigte fliegen in Richtung auf die nahe Kolonie ab. Ansammlungen zwischen 200 und 400 gemeinsam fischenden Kormoranen sind auf dem Gülper See (Koloniegröße ca. 300 Paare) keine Seltenheit.

Für den Zoologen wirft dieses Verhalten natürlich eine Fülle von Fragen auf. Wie kommt die Ordnung in der treibenden Kormoranschar zustande? Wie stimmen sie sich über Richtung und Tempo des Vorgehens ab, wie verbreitet sich an einem See die Information, daß die Gemeinschaftsjagd beginnt und anderes mehr. Über die Mechanismen der Verständigung in gemeinschaftlich jagenden Kormorangruppen ist bisher nichts bekannt. Erstaunlich ist, daß Gemeinschaftsjagd auch an Gebirgsbächen und anderen kleineren Wasserläufen beobachtet wurde, an denen auf diese Weise besonders Äschen gefangen werden.

Kooperation zwischen Kormoranen und Pelikanen

Am Prespasee in Griechenland wurde beobachtet, daß Krauskopfpelikane aus der Anwesenheit von fischenden Kormoranen einen Vorteil ziehen. Krauskopfpelikane fischen ebenfalls gemeinsam, jedoch mit einer ganz anderen Technik als Kormorane. Sie gleiten mit ihren plump wirkenden Körpern wie Barken über das Wasser und tauchen nur mit dem Kopf ein, um nach Fischen zu greifen. Gelegentlich tun sich kleine Trupps zusammen, und wie auf Kommando tauchen sie dann mit dem Kopf ein, so daß die Fische von verschiedenen Seiten angegriffen werden und dann leichter zu fangen sind.

Die Kormorane stellen sich an den gleichen Plätzen ein, an denen Pelikane fischen, sie scheinen regelrecht nach diesen Ausschau zu halten. Wahrscheinlich verrät ihnen die bloße Anwesenheit von Pelikanen, daß ein fischreiches Gewässer vorhanden ist, das lohnenden Fang verspricht. Sie ersparen sich auf diese Weise das zeitaufwendige Suchen. Sie tauchen ins Wasser, wo sich Pelikane aufhalten. Pelikane reagieren darauf, indem sie dicht oberflächlich fliegen und dann kopfeintauchend zielsicher nach Beute greifen. Offensichtlich beunruhigen die ins Wasser tauchenden Kormorane die Fische, so daß diese zur Oberfläche aufsteigen, was den Pelikanen den Vorteil bringt, sie leichter erbeuten zu können. Diese Art von Kooperation ist jedoch bisher nur an dem erwähnten See in Griechenland beobachtet worden.

Flußseeschwalben als Kommensalen bei gemeinsam jagenden Kormoranen

Am Niederrhein bedienen sich Flußseeschwalben an einem Tisch, den ihnen bildlich gesprochen die Kormorane decken. Die Entdeckung dieses beeindruckenden Schauspiels verdanken wir Herrn WERNER BOGRANZ, der das Nahrungssuchverhalten des Kormorans an einem Sporthafenbaggersee am Niederrhein untersucht. Seine Beobachtungen teilte mir Dr. J. BORCHERDING (Universität Köln) freundlicherweise mit. Die Flußseeschwalben sammeln sich über den gemeinsam fischenden Kormoranen und setzen schon zum Sturzflug an, kurz bevor die Kormorane, die nur wenige Sekunden unter Wasser bleiben, auftauchen.

In diesem Moment beginnt das Wasser regelrecht zu brodeln, wohl weil die Jungfische vor den Kormoranen an die Oberfläche fliehen. Das ist das „Signal" für die Flußseeschwalben. Die Erfahrung hat sie gelehrt, daß sie sich nun an den oberflächennahen Fischen leicht bedienen können. Sie nutzen die Aufregung aus, in die die von den Kormoranen gejagten Fische versetzt wurden. Die Fische aber kommen vom Regen in die Traufe.

5.4 Das Nahrungsspektrum

Das Nahrungsspektrum des Kormorans, das heißt die Fischarten, die auf seiner Speisekarte stehen, spielt außer der Frage nach der Fischmenge, die er verzehrt, eine Hauptrolle in der Diskussion um seine fischereiwirtschaftliche Bedeutung. Besonders Fischer halten Kormorane für Feinschmecker, die jene Arten bevorzugen, die auch auf der menschlichen Speisekarte stehen. Das trifft jedoch nur sehr eingeschränkt zu. Bei etwa gleich häufigem Angebot werden bestimmte Arten nicht selektiv gewählt. Wenn trotzdem bestimmte Fischarten in der Nahrung überwiegen, dann liegt die Bevorzugung nicht an deren Wohlgeschmack, sondern an deren Häufigkeit und Erlangbarkeit.

Unterschiedliche Ergebnisse lassen sich letztlich immer wieder auf diesen Sachverhalt zurückführen. Dabei spielen Zeitpunkt und Ort der Untersuchung eine große Rolle. Arten, die in einem Jahr reichlich vorhanden sind, können im nächsten fehlen oder selten sein. Monatliche Unterschiede in der Nahrungszusammensetzung lassen sich leicht erklären, wenn man sich mit der Biologie der Fischarten beschäftigt. Arten, die sich im Frühjahr in unzugängliche Laichgründe zurückziehen, fehlen selbstredend in dieser Jahreszeit auf der Speisekarte des Kormorans, können jedoch im Sommer oder Herbst zur regelmäßigen Kost gehören (Abb. 35).

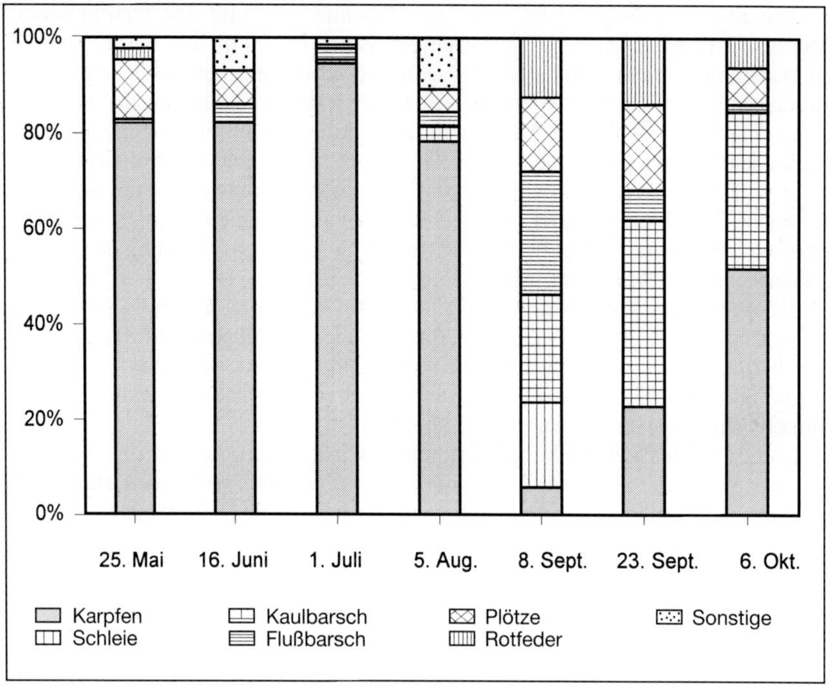

Abb. 35 Veränderung des Nahrungsspektrums des Kormorans in Abhängigkeit von der Jahreszeit

Selbst im Tagesverlauf ändert sich das Spektrum, weil manche Fischarten die Tiefenzone, in der sie sich bevorzugt aufhalten, wechseln und dementsprechend unterschiedlicher Gefahr ausgesetzt sind.

Dementsprechend ist das Spektrum an Fischarten, die auf der Speisekarte des Kormorans nachgewiesen wurden, ungewöhnlich groß. Sämtliche Arten, die in europäischen Gewässern einigermaßen regelmäßig vorkommen, sind bei Mageninhaltsanalysen und in den Speiballen, die bei der Verdauung der Nahrung als unverwertbar herausgewürgt werden, nachgewiesen worden (z. B. Keller 1993, Schratter & Trautmannsdorf 1993, Knief 1994). Das sind immerhin 77 Fischarten (Marquiss & Carss 1994), was deutlicher als alle Worte zeigt, daß genommen wird, was jeweils im Angebot vorhanden ist. Zwar trifft zu, daß nahezu alle mitteleuropäischen Fischarten in Kormoranmägen nachgewiesen wurden, doch nur ein kleiner Teil wird regelmäßig und in größerer Anzahl gefressen.

Das regionale Angebot bestimmt die Zusammensetzung des Nahrungsspektrums. An den dänischen Ostseeküstengewässern ernähren sich Kormorane anders als an den nicht weit entfernten schleswig-holsteinischen Seen, an den Voralpenseen stehen andere Arten im Vordergrund als an Flußläufen im norddeutschen Flachland (Abb. 36). Ähnlich ist die Nahrungszusammensetzung nur dann, wenn der Charakter der untersuchten Gewässer und damit das jeweils vorhandene Fischartenspektrum ähnlich sind. In Fließgewässern ändert sich das Spektrum je nach dem Flußabschnitt. In oberen Abschnitten mit stärkerer Strömung überwiegen Forelle, Lachs und Äsche, in der langsameren Strömung der unteren Flußabschnitte Cypriniden wie Rotauge und Brachse. In den norddeutschen Binnenseen herrschen Rotauge, Barsch und Aal vor, im niederländischen IJsselmeer steht der in großen Mengen vorkommende Stint obenan auf der Liste der Fischarten. In der westlichen Ostsee stehen Dorsch und Aalmutter im Vordergrund. Hier wurden neben Fischen auch Reste von Strandkrabben und Meeresringelwürmern in der Nahrung nachgewiesen.

Immer wieder zeigt sich, daß genommen wird, was vorkommt und leicht erlangbar ist. Quantitativ steht jeweils obenan, was reichlich vorhanden ist und sich am besten fangen läßt. Von beträchtlichem Einfluß auf die Nahrung ist die Jahreszeit (Abb. 37). An den bayerischen Voralpenseen werden Aale noch im Novem-

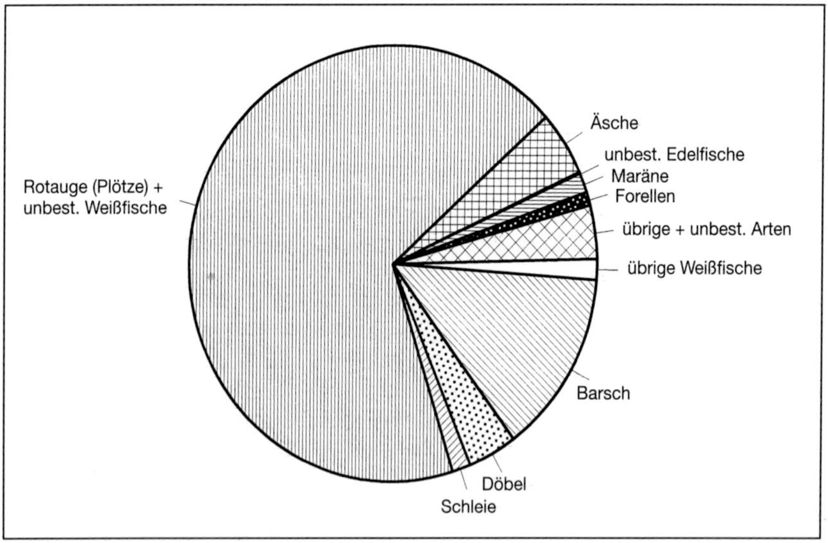

Abb. 36 Nahrungsspektrum des Kormorans an Gewässern in der Schweiz

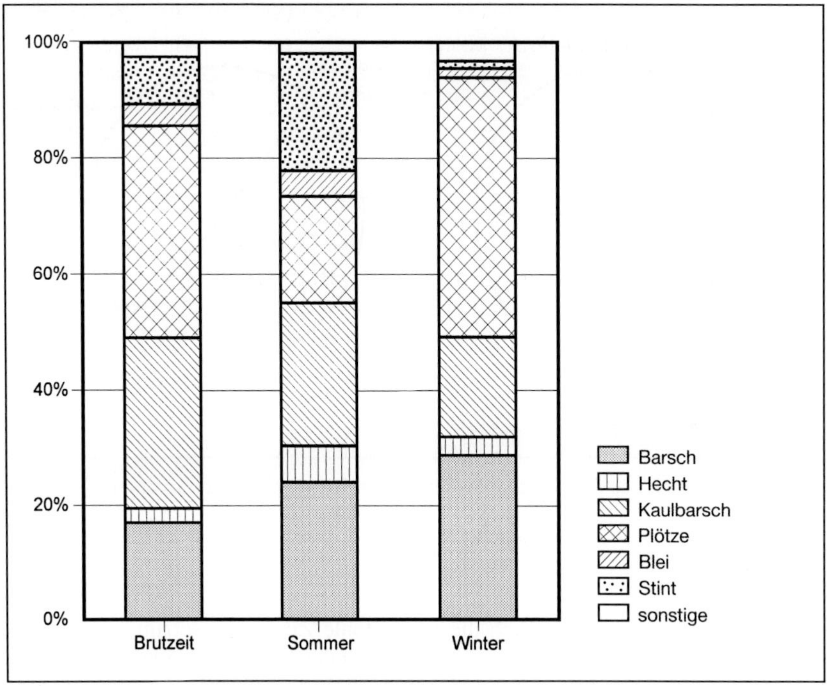

Abb. 37 Zusammensetzung der Nahrung des Kormorans im IJsselmeer in Abhängigkeit von der Jahreszeit

ber erbeutet (6 % der Fischindividuen), im Winter sind sie nur noch mit 2,7 % vertreten. Das liegt nicht etwa daran, daß die Aale infolge der Nachstellung knapp geworden sind, sondern an deren Lebensweise. Sie sind im Winter kaum aktiv.

Häufige Fischarten in der Nahrung des Kormorans

Vergleicht man das Artenspektrum in den Untersuchungen über die Ernährung des Kormorans, dann findet man wenig Übereinstimmung. Das liegt nicht an der Ungenauigkeit der Untersuchungsmethoden, sondern vielmehr an den Unterschieden, die sich aus dem örtlichen Fischangebot und dem wechselnden Bedarf während des Jahres ergeben. Welche Arten obenan auf der Beuteliste stehen, hängt vom Charakter des untersuchten Gewässers ab. Dementsprechend gibt es eine breite Palette unterschiedlicher Befunde (Abb. 38, 39).

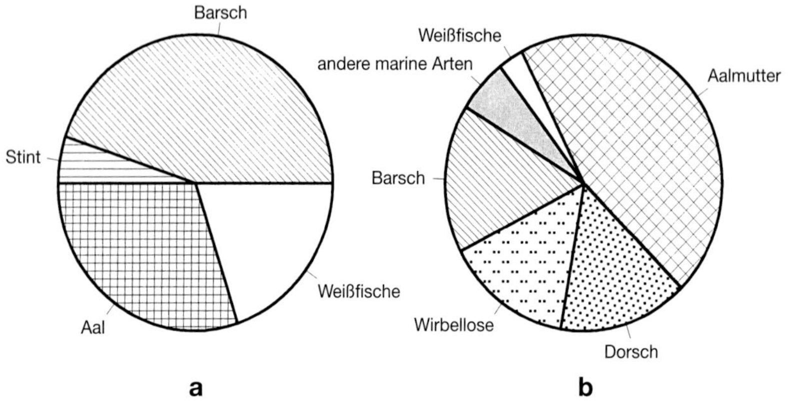

Abb. 38 Vergleich des Fischartenspektrums in der Nahrung von Kormoranen (nach KNIEF [1994])
a Im schleswig-holsteinischen Binnenland jagende Kormorane
b Auf der Ostsee jagende Kormorane

In den letzten Jahren hat sich die prozentuale Zusammensetzung des Artenspektrums in ostdeutschen Seen erheblich verändert. Die Kormorane haben sich in ihren Ernährungsgewohnheiten auf diese Veränderungen eingestellt. Die Bestandszunahme ist nicht allein eine Folge des besseren Schutzes. Die Ernährungsmöglichkeiten sind für sie günstiger als je zuvor. Sie partizipierten von der Eutrophierung vieler Binnengewässer, weil diese die Massenentwicklung fischereiwirtschaftlich wenig interessanter Fischarten begünstigte. Trotzdem ist die Anzahl der Arten, die immer wieder in den Beutelisten erscheinen, im Vergleich zur Gesamtzahl nachgewiesener Arten nicht allzu groß. Sie sind nachstehend aufgeführt.

Weißfische, Karpfenfische *(Cyprinidae)* Weißfische sind Bewohner aller Arten von Binnengewässern. In europäischen Binnengewässern kommen etwa 80 Arten vor. Die meisten bevorzugen ruhige Gewässer mit geringer Strömung. Zu den häufigen Arten gehören Blei (*Abramis brama*) und Plötze (*Rutilus rutilus*), Karausche (*Carassius carassius*), Rotfeder (*Scardinius erythrophthalmus*) und Karpfen (*Cyprinus carpio*). Diese Fischarten gehören auch zu bevorzugten Nahrungstieren des Kormorans. Sie sind relativ leicht zu erbeuten, und ihr Anteil an der Fischbiomasse in Seen und anderen Gewässern ist in den letzten Jahren stark angestiegen.

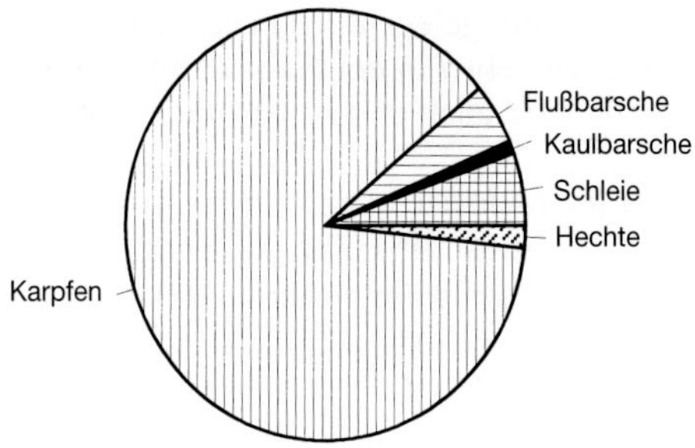

Abb. 39 Nahrungsspektrum des Kormorans in einem Tagebau-Restgewässer (nach Seiche und Wünsche [1996], verändert)

Hecht (*Esox lucius*) Hechte bevorzugen den stationären Aufenthalt in Wasserpflanzen, und kommen deshalb, und wenn sie erwachsen sind auch ihrer Größe wegen als Beute für den Kormoran kaum infrage. Dementsprechend erscheinen sie nur selten in den Beutetabellen. Einen gegenteiligen Befund gibt es aus Polen. Mellin & Maryniak (1991) fanden 13,7 % Hecht (Biomasse) in der Nahrung der von ihnen untersuchten Kormorane. Sie vermuten, daß der Rückgang des Hechts in den untersuchten Gewässern von Kormoranen verursacht wird.

Stint *(Osmerus eperlanus)* Die eigenartig riechenden und deshalb nicht überall beliebten Stinte treten in einigen Gewässern in den Niederlanden (IJsselmeer), in Schleswig-Holstein und in Südschweden in manchen Jahren in riesigen Mengen auf. Bei Massenanfall wurden sie sogar auf die Felder als Dünger gefahren. In den genannten Gebieten sind Stinte von herausragender Bedeutung für die Ernährung des Kormorans.

Äsche (*Thymallus thymallus*) Äschen bewohnen die oligotrophe Zone in den gebirgigen Anfangsbereichen der Flüsse (Phosphatkonzentration unter 10 mg/m^3), die nach ihnen als Äschenzone bezeichnet werden. In Süddeutschland, Österreich und der Schweiz kann der Äschenanteil in der Nahrung überwinternder Kormorane beträchtlich sein.

Barsche (*Percidae*) Flußbarsche (*Perca fluviatilis*) werden schon im Alter von zwei bis drei Jahren geschlechtsreif. Deshalb kommt es in manchen Gewässern zur Übervölkerung. Die jüngeren Stadien sammeln sich häufig in kopfstarken Aggregationen (Schulen). Diesen wird dann wie den genannten Weißfischarten durch gruppenweise fischende Kormorane nachgestellt. Das trifft auch für den Kaulbarsch (*Gymnocephalus cernus*) und junge Zander (*Stizostedion lucioperca*) zu.

Stichling (*Gasterosteus aculeatus*) Der dreistachlige Stichling erscheint üblicherweise nur gelegentlich in der Nahrung des Kormorans. Wo er jedoch häufig auftritt, wie etwa in der Nähe der bekannten holländischen Kolonie Wanneperveen, da wird auch er durchaus nicht verschmäht (VELDKAMP 1991).

Quappe (*Lota lota*) Die Quappe, früher in mitteleuropäischen Flüssen eine häufige Fischart, ist als Folge der Eutrophierung selten geworden. Wo sie noch einigermaßen regelmäßig vorkommt, wie in einigen polnischen Flüssen, sowie in bayerischen und Schweizer Flüssen, erscheint sie auch in der Nahrung des Kormorans (DE NIE 1995).

Karpfen (*Cyprinus carpio*) In Fischteichen stehen Karpfen selbstverständlich obenan auf der Speiseliste. Überwiegend werden Satzkarpfen mit einer Stückmasse zwischen 30 und 150 g genommen, ausnahmsweise auch abgewachsene Speisekarpfen. An Teichen der Lausitz wurden in den Mägen geschossener Kormorane fast nur (84 %) Reste von Karpfen gefunden (SEICHE & WÜNSCHE 1996). Doch auch in Teichwirtschaften werden nicht nur Karpfen gefangen. Der Anteil an sogenannten „Beifischen“, die auch in Karpfenteichen immer vorhanden sind, kann beträchtlich sein (ZIMMERMANN 1989).

Aal (*Anguilla anguilla*) Um den Aal als Beutefisch dreht sich ein gut Teil der Diskussion um die Schädlichkeit des Kormorans. Seitens der Fischerei wird behauptet, daß dieser Fisch vom Kormoran anderen Arten gegenüber bevorzugt wird. Für aalreiche Gewässer läßt sich das nicht ausschließen, denn Aale sind für den Kormoran nicht nur leichter zu fangen als andere Fischarten, die sich im Unterschied zu diesen im dreidimensionalen Raum bewegen, sie lassen sich auch gut packen und leicht verschlingen. Es existieren jedoch keine Untersuchungen in denen eine Präferenz für Aale wissenschaftlich beweiskräftig ermittelt wurde.

In einigen Seen in Schleswig-Holstein werden entsprechend dem stärkeren Vorkommen Aale wesentlich häufiger gefressen als anderwärts. Aale leben jedoch solitär am Grunde der Gewässer und dementsprechend jagen Kormorane Aale nicht in Form des geselligen Formationsfischens.

In Holland und Friesland heißt der Kormoran „Aalscholvers“, womit schon vom Namen her ein Urteil über die vermutete Hauptnahrung gefällt ist. Mit einiger Sicherheit spielte der Aal in der Ernährung des Kormorans in den Niederlanden eine große Rolle, als die Gewässer viel reicher an Aalen waren als heute. Die Kormorane nutzten den hohen Besatz, um den begehrten Speisefisch zu erbeuten. Der Aalbestand in den niederländischen Gewässern war extrem hoch, als diese noch klar und reich an Wasserpflanzen waren. In mitteleuropäischen Gewässern war das kaum anders.

Den Kormoranen gelingt es besonders leicht, im Sommer Aale zu fangen, denn sie sind vergleichsweise langsame Fische. Dazu trägt eine Besonderheit in der Lebensweise der Aale bei, auf die VAN DOBBEN (1991) aufmerksam gemacht hat. Aale heben bei ansteigender Körpertemperatur den Kopf und schwingen den Vorderkörper hin und her. Das kann ihnen zum Verhängnis werden, denn die Bewegungen sind für Kormorane ein wirkungsvoller Auslöser für den Fang.

Der quantitative Anteil des Aals im Fischartenspektrum ist überall in Europa stark zurückgegangen. Dementsprechend verlor er auch als Beutetier des Kormorans relativ an Bedeutung. Das Aalaufkommen in Europa hat unter anderem abgenommen, weil der Preis für Glasaale weltweit stark angestiegen ist. Die Fischer müssen beim Besatz wesentlich genauer kalkulieren als je zuvor. Ein anderes Problem, das die Aalerträge beeinträchtigt, sind parasitische Nematoden der Gattung Anguillicola, die sich seit Anfang der 80er Jahre stark ausgebreitet haben. Sie befallen die Schwimmblase der Aale, bewirken verringerte Gewichtszunahme und senken die Widerstandskraft gegen Krankheiten. Der rückläufige Aalertrag verschärft zwangsläufig die Diskussion über den Einfluß von Predatoren. So wird der Kormoran sehr schnell zum generellen Sündenbock. Es ist jedoch nicht

Tabelle 1 Bevorzugte Beutefischarten in Abhängigkeit von der Jahreszeit

Land	Monat	Beutefischarten	Quelle
Niederlande	III.–VII.	Rotauge, Aal, Kaulbarsch, Zander	VAN DOBBEN 1952
Niederlande	III.–VII.	Rotauge, Brachse, Aal	VELDKAMP 1991
Niederlande	IV.–VII.	Brachse, Aal, Zander	DE BOER 1972
Niederlande	X.–III.	Kaulbarsch, Barsch, Zander, Cypriniden	MARTEIJN & DIRKSEN 1991
Niederlande	IV.–VII.	Kaulbarsch, Stint	VOSLAMBER 1988
Norddeutschland	VII.–XI.	Barsch, Cypriniden, Stint, Kaulbarsch	WORTMANN & SPRATTE 1990
Bayern	XI.–II.	Cypriniden, Barsch, Renke	KELLER 1993
Schweiz	X.–III.	Rotauge, Barsch	SUTER 1991
Nordostpolen	IV.–VII.	Rotauge, Aal, Barsch, Brachse	MELLIN & MARTYNIAK 1991

bewiesen, daß der Kormoran für den flächendeckenden Rückgang des Aals in Deutschland verantwortlich ist.

Sein holländischer Name Aalscholver hat in Anbetracht der Aalbestände in Mittel- und Westeuropa seine Berechtigung verloren.

Zander (*Stizistedion lucioperca*) Zander nehmen in allen Untersuchungen nur einen geringen Teil des Beutespektrums ein. Eine gewisse Häufung im Vergleich zu anderen Untersuchern fanden KELLER & VORDERMEIER (1994) in bayerischen Gewässern. Zander werden nur von einzeln jagenden Kormoranen erbeutet, denn ausgewachsen (Raubfischstadium) bilden sie keine dichten Schwärme. Im ersten Sommer sind sie zu klein als Beute.

Sonstige Nährtiere

Neuerdings wird auch das Wattenmeer an der Nordseeküste zunehmend von nahrungsuchenden Kormoranen genutzt. Dort ernähren sie sich überwiegend von kleinen Plattfischen und anderen Bodenfischen (NEHLS & GIENAPP 1997). Zeitweilig werden auch Grundeln genommen, Seenadeln hingegen kaum. Die Mägen enthielten auch Reste von Krebsen (Strandkrabbe und Garnele) und vom Grünen Seeringelwurm (*Nereis virens*) (Abb. 40). An der norwegischen Küste ernähren sich Kormorane ebenfalls teilweise von Polychaeten und anderen Wirbellosen. Plattfische gehören auch anderwärts an Küstengewässern zum Nahrungsspektrum von Kormoranen (CRAMP & SIMMONS 1977).

Nach GLOE (1996) sollen Kormorane gelegentlich auch tote Fische, also Aas, verzehren.

5.5 Zeitbedarf beim Nahrungserwerb

Wieviel Zeit Kormorane auf die Nahrungssuche verwenden, hängt wesentlich von der Größe der Fische ab, die sie erbeuten. Wenn es gelingt, einen Fisch von 800 g zu fangen, dann ist der Nahrungsbedarf für zwei Tage gedeckt. In Gebieten, wo sie größeren Fischen nachstellen, ist dementsprechend die Jagd oft schon nach 15 Minuten beendet. In weniger ergiebigen kann der Jagdzug bis zu 30 Minuten dauern. Sind nur kleine Fische vorhanden, wie im Küstenbereich des Wattenmeeres oder beim Fang von Stinten im IJsselmeer (PLATTEEUW & VAN EERDEN), dann werden 1 $^1/_2$ bis zwei Stunden benötigt. Zeitaufwendig ist auch der Fang von klei-

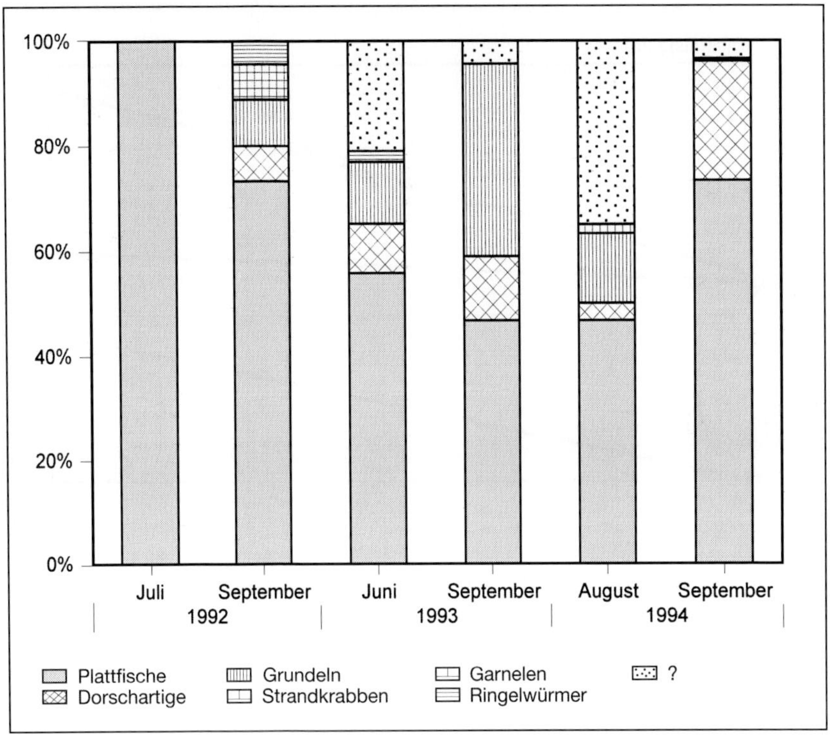

Abb. 40 Nahrungsspektrum des Kormorans im Wattenmeer vor der Insel Sylt (nach NEHLS und GIENAP)

nen Plattfischen im Sylter Wattenmeer, die nur 10 cm lang sind und etwa 12g bis 25 g wiegen. Mindestens 12 Fische müssen erbeutet werden, um die Tagesration zu vervollständigen. Dazu benötigen sie etwa 100 Tauchgänge, denn nur jeder 4. ist erfolgreich. Maximal wurden an einem Beobachtungstag 160 Tauchgänge festgestellt. Trotz dieses Zeitaufwandes ist die Energiebilanz positiv, denn sie brauchen nur wenig einzutauchen, um die oberflächennah schwimmenden Fische zu fangen (NEHLS & GIENAPP 1977). In Kolonien brütende Kormorane fliegen bis zu 5 mal täglich zum Fischen (GREMILLET & SCHMID 1993). Fütternde Vögel sind häufiger unterwegs als brütende.

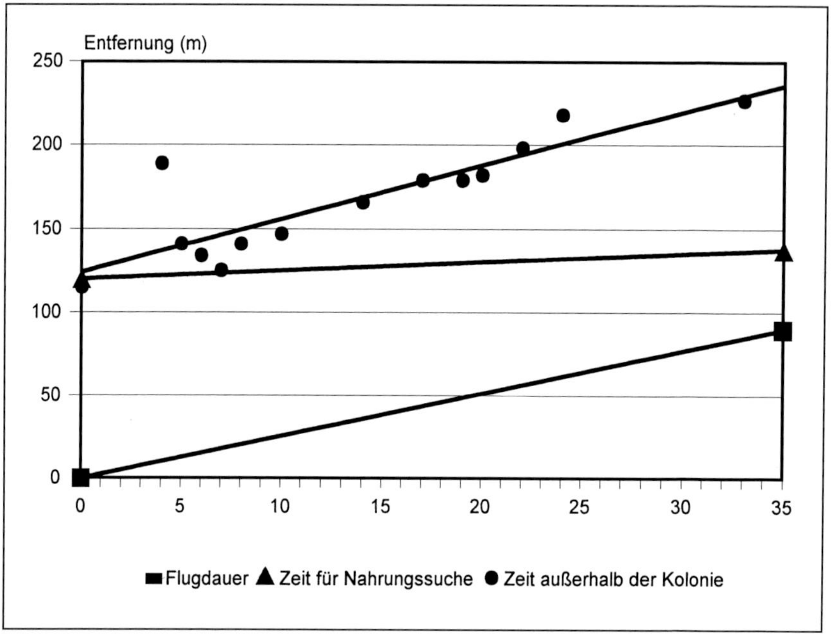

Abb. 41 Beziehungen zwischen Entfernung der Kolonie vom Nahrungsgebiet, Flugdauer, Zeit für Fischfang und Abwesenheit von der Kolonie

Tagesaktivität und Tauchzeiten

Je mehr leicht erlangbare Nahrung vorhanden ist, desto länger bleiben die Kormorane im betreffenden Gebiet. NEHLS & GIENAPP (1997) beobachteten einen Kormoran, der mit einem Sender ausgerüstet war, eine Woche lang im Fang- und Auflassungsgebiet und registrierten dabei auch die Aktivität. Auf Stunden absoluter Ruhe folgten Phasen eifriger Nahrungssuche (Abb. 41). Dabei gab es Spitzenwerte von 160 Tauchgängen pro Aktivitätsphase (1 $^1/_2$ bis 2 Stunden). Der Kormoran blieb 10–35 Sekunden unter Wasser und tauchte nach 3–15 Sekunden Pause wieder ab. In Strandnähe fischende Kormorane brachten die Beute nur selten mit nach oben. Die kleinen Fische wurden wahrscheinlich schon unter Wasser verschluckt. Die Intensität des Tauchens ist bemerkenswert, denn der Ruheumsatz steigt dabei um das 12fache an (SCHMID et al. 1995).

Im Winter ist die Wattenmeerküste für Kormorane bedeutungslos. Die jungen Plattfische sind dann meerwärts abgewandert.

Die Tauchzeiten dauern unterschiedlich lange. Im Flachwasserbereich bleiben sie 10–35 Sekunden unter Wasser.

Aktionsradius

Kormorane fressen vorrangig an Gewässern in der Nähe der Kolonien oder Schlafplätze. Wenn die Nahrung dort nicht ausreicht, dann werden benachbarte aufgesucht. Wie weit sie fliegen, hängt von der Anzahl und Größe der Gewässer und deren Fischreichtum ab. Der maximale Aktionsradius liegt bei 40 km.

Kormorane lernen sehr schnell die Örtlichkeiten kennen, an denen sie sich leicht und schnell sättigen können. Wenn sich im Frühjahr die Heringsschwärme den Küsten Dänemarks nähern, um zu laichen, dann sammeln sich die Kormorane in deren Nähe und nutzen die günstige Gelegenheit. Am Selenter See in Schleswig-Holstein, der in Ostseenähe liegt, holen sich die Kormorane zum Teil Süßwasserfische aus dem Selenter See, zum Teil jedoch auch Meeresfische aus der nahe gelegenen Ostsee (nach GREMILLET & SCHMID 1993).

Prinzipiell ist die Bevorzugung bestimmter Arten nichts anderes als Ausdruck der enormen Lernfähigkeit und der rigorosen Nutzung sich bietender günstiger Gelegenheiten (Opportunismus). Wenn es in den Teichen im Sommer und im Herbst von Karpfen wimmelt, und dadurch der Tisch für Fischfresser gewissermaßen reich gedeckt ist, lebt es sich dort am besten.

Die Lernfähigkeit der Kormorane zeigt sich auch am Wechsel von der allgemein üblichen Tag- zur Nachtaktivität in Israel. Dort werden Kormorane tagsüber extrem stark verfolgt. Sie haben sich angepaßt, ihren Tagesrhythmus geändert und gehen jetzt auch nachts auf Fischfang.

Kormorane und parasitierte Fische

Kormorane nehmen mit den Fischen, die sie verzehren, auch deren Parasiten auf. Diese werden zwar verdaut wie das Fischfleisch, doch es ist denkbar, daß Zwischenstufen im Darm der Kormorane überleben und mit dem Kot ins Wasser gelangen und sich auf diese Weise Infektionsketten schließen. Dieses Problem ist bisher wenig untersucht worden. Eine Gefährdung für bestimmte Fischarten läßt sich jedoch nicht ausschließen. Für bayerische Gewässer wird für möglich gehalten, daß Kormorane ein gewisse Rolle bei der Ausbreitung eines Nematoden (*Contracaecum spiculigerum*) spielen (TÖRRING-JETTENBACH et al. 1995). In der Schweiz sind überwinternde Kormorane neuerdings mit diesem etwa 3 cm langen Nematoden infiziert. Wahrscheinlich erfolgt die Infektion bereits bei der Nahrungsaufnahme in Dänemark oder in den Niederlanden. Gegenwärtig ist noch nicht bekannt, ob durch die hohe Infektionsrate mit diesem Parasiten andere Vogelarten oder Fischpopulationen gefährdet sind (STAUB & RUHLE 1996).

Allerdings läßt sich der Verzehr von parasitierten Fischen auch aus einem ganz anderen Blickwinkel betrachten. In Dänemark und den Niederlanden sollen diese bevorzugt erbeutet werden, was verständlich ist, denn sie sind geschwächt und somit leichter erlangbar. Wenn das zuträfe, wären die Kormorane so etwas wie eine „Gesundheitspolizei" im Wasser.

5.6 Verhalten von Fischen bei starker Nachstellung durch Kormorane

Bei Untersuchungen mit dem Echolot hat sich gezeigt, daß sich die Fische darauf einstellen, ob sie von Kormoranen bejagt werden oder nicht. An Gewässern am Niederrhein konnte von Ökologen der Universität Köln (NEUMANN und Mitarbeiter) gezeigt werden, daß sich Fische an häufig von Kormoranen besuchten Gewässern tagsüber in tiefen Wasserzonen aufhalten und nachts aufsteigen und umgekehrt (NEUMANN, mündl.). Die Fische haben ihren Aktivitätsrhythmus im Sinne der Feindvermeidung verändert.

5.7 Fischfang mit Kormoranen

In Ostasien nutzen Fischer den Jagdeifer der Kormorane für den Fischfang. Seit Jahrtausenden ist es dort üblich, Kormorane zum Fischfang abzurichten (Abb. 42). Dazu werden Jungvögel aufgezogen, indem man Kormoraneier Hennen unterlegt und von diesen erbrüten läßt. Wenn die Jungen annähernd flügge sind, bringt man sie mit fangerfahrenen Altvögeln zusammen, von denen sie eingeübt werden. Nach etwa 8 Wochen Trainingszeit sind sie für den Fischfang verwendbar. Vom Boot aus stürzen sie ins Wasser. Ein Halsring hindert sie daran, die Beute, die ihnen der Fischer abnimmt, zu verschlingen. Damit der Fischfang mit dieser Methode lohnt, hat der Fischer etwa 4–5 Kormorane in seinem Boot. Sie sind angebunden und werden in fischreichen Flachgewässern ins Wasser geworfen, wo sie unverzüglich mit dem Fischfang beginnen. Sobald sie erfolgreich waren, werden sie an Bord geholt. Durch Bestreichen des Halses zwingt der Fischer sie, die Beute wieder herzugeben.

In NAUMANN/HENNICKE (1905) wird der Fischfang durch Kormorane, wie er früher in China praktiziert wurde, wie folgt beschrieben: „Es scheint, daß von un-

Abb. 42 Fischfang mit Kormoranen in Ostasien

denklichen Zeiten an bis heutigentags Chinesen und Japaner die Kormorane zum Fischfang abrichten. Der Vogel wird ans Ufer gebracht; einen Metallring oder Lederschleifen ihm als Halsband anzulegen, ist gebräuchlich, doch nicht unbedingt notwendig; dann wird er freigelassen, um einen Fisch zu fangen, welchen er bringt, wenn er gerufen wird. Eine leichte Kordel ist am Vogel befestigt, um seine Rückkehr zu sichern. Wenn der Herr genügend mit Fischen versorgt ist, wird das Halsband abgenommen und der Vogel darf nun für sich selbst fischen." Im 17. Jahrhundert soll diese Art zu fischen als interessanter Zeitvertreib nach Europa importiert worden sein. Unter JAKOB I. ist die Methode in England weiter ausgebaut worden.

6 Verfolgung – Ausrottung – Schutz

Seit dem Ende der letzten Vereisung, also seit mindestens 7000 Jahren, ist der Kormoran immer Brutvogel in Mittel- und Nordeuropa gewesen. Bei Ausgrabungen, die bis in die frühe Steinzeit zurückreichen, sind unter Essensresten der Steinzeitmenschen regelmäßig Kormoranknochen gefunden worden, und zwar Überbleibsel von beiden Unterarten. Allein in Dänemark gibt es Nachweise von 30 Plätzen. Älteste Funde in den Niederlanden lassen sich 4000–6000 Jahre zurückdatieren. Offensichtlich wurde der Kormoran in prähistorischer Zeit als Nahrung geschätzt. Als Nahrungskonkurrent spielte er in Anbetracht der dünnen Besiedlung durch Menschen ganz sicher keine Rolle, und er war deshalb als Brutvogel in der Nacheiszeit bis ins vorige Jahrhundert in Europa an geeigneten Plätzen immer verbreitet.

6.1 Ausrottung im vorigen Jahrhundert

Wann und wo damit begonnen wurde, Kormoranansiedlungen zu beseitigen, um die Fischerträge zu sichern, ist unzulänglich bekannt und läßt sich kaum rekonstruieren. Über Verfolgungen und Nachstellungen gibt es erst seit dem ausgehenden Mittelalter Angaben. Die Folgen für Bestand und Verbreitung waren zunächst unerheblich, weil regionale Bestandseinbußen durch Umsiedlungen und Neuansiedlungen an anderer Stelle rasch ausgeglichen werden konnten. Die systematische Ausrotttung setzte erst im vorigen Jahrhundert ein, als die wachsende Fischereiwirtschaft konzertiert gegen den „Fischräuber“ vorzugehen begann.

Bis zum Ende des vorigen Jahrhundert fehlte das Verständnis für die Notwendigkeit, eine Tierart zu schützen. Kaum jemand fand etwas dabei und scherte sich daran, wenn die Fischer die Nester der kolonieweise brütenden Kormorane zerstörten oder die Vögel abschossen. So gelang es den Fischern relativ leicht, sich der „Seeraben“ zu erwehren, wenn sie sich in der Nähe ansiedelten. Notfalls holte man sich Hilfe. Es ist verbürgt, daß in den 80er Jahren des vorigen Jahrhunderts Potsdamer Gardejäger zur Ausrottung einer Kormorankolonie bei Caputh (Ortschaft in der Nähe Potsdams) eingesetzt wurden. Über deren Wirksamkeit heißt es: „...jeden Tag wurden hundert, insgesamt Tausende von Kormoranen getötet. Der Rest zog ab...“ Bei Bekman (zitiert in Schalow 1919) heißt es: „Die Scholwern sein eine ahrt von großen Wasservögeln, welche sich vor etwa 50 Jahren und drüber etliche jahr lang bei Lindau aufgehalten, und an Fischen großen schaden gethan indem sie die gröste Fische unter dem wasser hervor geholet und verzehret. Sie sein schwarzglänzend von federn auf dem rükken, und unter dem bauch weiß gewesen, haben grosse krumme schnabel, auch grosse rachen gehabt, in welche sie anfangs die Fische verschlukket, und hernach ausgespien und gefressen. Man hat bei sogestalten sachen ihnen fleißig nachgestellet und grosse mühe gehabt, sie auszurotten."

Der berühmte in Berlin ansässige Polyhistor JOHAN LEONHARD FRISCH erwähnt in seinem für die Geschichte der Ornithologie wichtigen Werk „Vorstellung der Vögel Deutschlands" den Kormoran als Brutvogel an der Oder, speziell bei Niederfinow. In den „Beiträgen zur Vogelfauna der Mark Brandenburg" mißt SCHALOW (1919) dem Kormoran erst seit Beginn des 19. Jahrhunderts weitere Verbreitung in der Mark zu. Er schreibt: „In Scharen von Tausenden trat sie (die Kormoranscharbe E. R.) an einzelnen großen Seen plötzlich auf, vollzog in den umliegenden Forsten ihr Brutgeschäft und ging während dieser Zeit unablässig der Fischerei nach. Die Scharben verweilten dann meist so lange, bis sie die Fische des betreffenden Sees vertilgt hatten oder bis sie selbst mit Gewalt vertrieben wurden. Am Werbellinsee bei Joachimsthal ließ sich 1837 eine ungeheure Kolonie nieder. Es gab damals Kormoran am Werbellin, wie Fliegen in einer Bauernstube; ein paar hundert mehr oder weniger waren von keinem Belang. An einem Tag wurden bei Klein-Schönebeck 400 junge Kormorane geschossen. Von der Oderberger Kolonie soll der Aal in sämtlichen Seen der Umgebung fast vollständig ausgerottet worden sein, dasselbe gilt von den Maränen des Werbellinsees."

SCHALOW (1919) beklagt die Feldzüge gegen die Kormorane mit folgenden Worten: „So haben denn auch hier in Lubiathfließ (im ehem. Kr. Friedeberg, Neumark E. R.) wie in früherer Zeit am Werbellin Pulver und Blei und Menschentücke ihre Schuldigkeit getan, um eins der interessantesten ornithologischen Naturdenkmäler in der Mark auszurotten."

Nicht viel anders erging es dem Kormoran in Mecklenburg und in anderen seenreichen Teilen Norddeutschlands von Ostpreußen bis nach Nordschleswig. 1810 gründeten Kormorane eine große Kolonie am Großen Binnensee der Howachter Bucht in Ostholstein. Nur wenige Jahre sahen die Fischer zu, wie rasch sich ihre Konkurrenten vermehrten. Schon 1816 wurde die Zerstörung der Kolonie behördlich angeordnet und durchgeführt (NIETHAMMER 1938). Dabei ging man wenig zimperlich vor. Über 1600 Nester wurden zerstört. Die Kormorane versuchten sich an der Schleie anzusiedeln, doch auch dort wurden sie vertrieben. Man ruhte nicht, bis das letzte Kormoranbrutpaar beseitigt war. Zwar versuchten die Kormorane immer wieder, in Holstein heimisch zu werden, doch während des ganzen 19. Jahrhunderts wurden Brutansiedlungen entweder von Anbeginn vereitelt oder hatten nur kurzen Bestand.

Damals beteiligten sich selbst die Ornithologen an der Verfolgung der Kormorane. Selbst auf den wissenschaftlichen Jahresversammlungen machte man sich das Vergnügen, Kormorane zu schießen. Bei NAUMANN/HENNICKE (1905) heißt es dazu: „Einmal in meinem Leben habe ich die Kormoranjagd mitgemacht, nämlich an der Brutkolonie im Oderbruch bei Stettin 1879, gelegentlich der Jahresversammlung der Deutschen Ornithologen-Gesellschaft in Stettin. Es war nicht schwierig, die Vögel in der Nähe der Nester aus der Luft herunter zu schießen..."

In Mecklenburg bildeten sich gleichfalls immer wieder größere und kleinere Kolonien an den Seen der Großseenplatte, so an der Müritz, dem Tollensesee, den Pinnower Seen bei Schwerin. Ruhe war ihnen nirgends vergönnt. Die Nachstellungen waren so erfolgreich, daß es zu Beginn des 20. Jahrhunderts im seenreichen Mecklenburg keine Kormorankolonien gab. Wichtigste Methode der Verfolgung waren Zerstörung der Nester oder rigoroser Abschuß, sobald die Vögel mit dem Nestbau begonnen hatten.

In den Nachbarländern ging es dem Kormoran im vorigen Jahrhundert nicht anders als in Deutschland. Selbst in Dänemark, wo es an geeigneten Brutgewässern nicht mangelt, gelang es, die Art auszurotten. In den letzten Jahrzehnten des vorigen Jahrhunderts und in den ersten dieses Jahrhunderts war der Kormoran aus Dänemark als Brutvogel verschwunden. Erst 1938 etablierte sich wieder eine Kolonie. Die Verfolgung setzte jedoch sofort wieder ein, als der Kormoran sich – nunmehr unter dem strengen Schutz des Gesetzes – wieder auszubreiten begann. Dabei wurde genauso rigoros vorgegangen wie in früheren Zeiten.

6.2 Unter gesetzlichem Schutz

Die Naturschutzbewegung, die heute im Denken und Handeln vieler Menschen fest verankert ist und zunehmend auch an Einfluß auf die Politik gewinnt, wurzelt in der romantischen Naturschwärmerei in der ersten Hälfte des vorigen Jahrhunderts. Erst gegen dessen Ende bildeten sich in Deutschland dann als Antwort auf die ersten Zeichen sichtbarer Naturzerstörung durch die beginnende Industrialisierung Vereine und Gesellschaften, die den Schutz von Tier- und Pflanzengruppen forderten. Die Vögel nahmen von Anbeginn einen besonderen Platz ein. Mit dem Erstarken der Naturschutzbewegung in den ersten Jahrzehnten dieses Jahrhunderts wurde auch der Ruf laut, die ungehemmte Verfolgung des Kormorans zu stoppen.

Als unübersehbar war, daß die Art nahezu ausgerottet war, wurde darüber hinaus trotz entschiedenstem Widerstand seitens der Fischereiwirtschaft von Naturschützern auch gesetzlicher Schutz gefordert. Mit dem Reichsnaturschutzgesetz aus dem Jahre 1935 wurde die bis dahin erlaubte uneingeschränkte Verfolgung gestoppt. Massaker wie die geschilderten waren im 20. Jahrhundert nicht mehr möglich. Die Notwendigkeit dazu war auch entfallen, denn bis auf gelegentliche Ansiedlungen war der Kormoran als Brutvogel aus Deutschland und weiten Teilen Europas verschwunden. Die Verfolgungen hatten zu Beginn dieses Jahrhunderts ihr Ziel erreicht. Bis in die Mitte dieses Jahrhunderts gab es in Deutschland nur noch vereinzelt Brutversuche.

Nach dem 2. Weltkrieg kam der Kormoran in den Naturschutzgesetzen beider deutscher Staaten in den Status einer geschützten Tierart. Das schloß nicht aus, daß in der DDR Abschüsse genehmigt wurden, wenn Kormorane Fischereibetriebe nachweislich schädigten. Der Bestand in den 50er und 60er Jahren war jedoch in Deutschland und auch in den westlich und östlich angrenzenden Ländern zunächst so gering, daß derartige Anträge Ausnahmen blieben.

In den letzten Jahrzehnten gewannen die Naturschutzbewegung und auch der Tierschutz an Gewicht und Einfluß. Der Schutzstatus des Kormorans in der Bundesrepublik (alt) wurde noch verbessert. Er wird in der Anlage 1 zur Bundesartenschutzverordnung vom 18. 09. 1989 geführt. Er ist gemäß § 20 e eine besonders geschützte Art. Nach § 20 f Abs. 1 Nr. 1 ist es verboten, Kormorane zu töten oder in irgendeiner Weise zu beeinträchtigen. Ausnahmen können die Landesregierungen im Einzelfall bei erheblichen land-, forst- oder fischereiwirtschaftlichen Schäden auf der Grundlage von § 20 g Abs. 6 des Bundesnaturschutzgesetzes zulassen, soweit dies... „zur Abwendung ...fischerei-, wasser- oder sonstiger gemeinsamwirtschaftlicher Schäden..." erforderlich ist.

In der DDR wurde schon frühzeitig versucht, die Wiederausbreitung des Kormorans einzugrenzen. Als sich in den 80er Jahren die Wiederausbreitung im Binnenland abzeichnete, wurden neben den Schutzmaßnahmen auch Festlegungen zur Verhinderung der weiteren Ausbreitung festgelegt. Es wurden Abschüsse zugelassen und Neuansiedlungen von Kolonien an unerwünschten Stellen (innerhalb von intensiv bewirtschafteten Fischteichen oder deren Nähe) unterbunden. Die Kolonie in Niederhof bei Greifswald ist über Jahrzehnte durch Abschüsse limitiert worden.

Die o. a. Bestimmung des Bundesnaturschutzgesetzes ist in Mecklenburg-Vorpommern, Bayern, Sachsen, Baden-Württemberg und Brandenburg genutzt worden, um Kormorane zeitlich und örtlich begrenzt, zum Abschuß freizugeben. Man erhofft sich davon ein Ende der „Kormoranplage".

Die nachhaltigste Schutzmaßnahme für den Kormoran war die Aufnahme in den Anhang 1 der EG-Vogelschutzrichtlinie vom 2. April 1979. Damit erhielt die Art über die nationalen Schutzbestimmungen hinaus einen internationalen Schutzstatus. Nahezu zeitgleich begann die explosive Phase des Bestandsanstiegs und die Wiederausbreitung.

Der strenge Schutz durch die EG-Vogelschutzrichtlinie war nach erfolgter Wiederausbreitung jahrelang heftig umstritten. Seitens der Fischwirtschaft und für sie zuständiger nationaler Behörden wurde die Aufhebung gefordert. Durch einen Beschluß der EU-Kommission ist der Kormoran im Juni 1997 aus dem Anhang 1 der EG-Vogelschutzrichtline gestrichen worden.

Kormoranschutz durch internationale Zusammenarbeit

Der internationale Naturschutz, vertreten durch die Organisation *Wetland International*, reagierte auf die Bestandszunahme und den sich verschärfenden Konflikt zwischen Fischerei, Naturschutz und Behörden mit der Bildung der „Cormorant Research Group". Nunmehr ist eine internationale Institution vorhanden, die sich des Kormoranproblems auf wissenschaftlicher Grundlage annimmt. Koordinator ist Dr. MENNOBART VAN EERDEN (Niederlande). Die Forschungsgruppe hat bereits mehrere internationale Fachtagungen durchgeführt: Gdansk/Polen 1993, Lelystad/Niederlande 1994, Bologna/Italien 1996.

7 Die Wiederbesiedlung Europas

7.1 Brutverbreitung in Europa

Die Wiederausbreitung des Kormorans setzte in etwa zeitgleich in West- und Mitteleuropa in der zweiten Hälfte dieses Jahrhunderts ein (s. Abb 4). Erst seit dieser Zeit gibt es genauere Zahlen über die Bestandsgrößen, die es erlauben, die Bestandsentwicklung und die Wiederbesiedlung der einst von Kormoranen bewohnten Areale nachzuzeichnen (Abb. 43). Betrachtet man die Bestandsentwicklung in den verschiedenen Teilen Europas, dann gleicht sich zwar die Allgemeinentwicklung, im Detail gibt es bemerkenswerte Unterschiede. Deshalb wird die Populationsentwicklung nachstehend für die Länder, in denen sie hinreichend dokumentiert wurde, beschrieben. Der gegenwärtige Bestand und die Bestandsentwicklung in Westeuropa, Südskandinavien und Mitteleuropa, Ost- und Südosteuropa werden dargestellt.

Niederlande

Das gewässerreiche Land hinter den Nordseedeichen mit seinem enormen Fischreichtum hat dem Kormoran wohl immer ausgezeichnete Lebensmöglichkeiten geboten. In den Niederlanden ist er deshalb trotz intensiver Verfolgungen nie gänzlich ausgerottet worden. Das Auf und Ab in Verfolgung und Schutz des Kormorans, die Geschichte der Nachstellungen und des relativen Schutzes bei sinkendem Bestand, läßt sich nirgends so gut verfolgen wie in den Niederlanden. Kormoranvorkommen sind bis ins 16. Jahrhundert belegt. Brutkolonien gab es zwischen 1500 und 1600 an verschiedenen Stellen (van Eerden et al. 1995), und auch aus der Zeit zwischen 1600 und 1700 gibt es Berichte über Kolonien in Südholland. Erst in der zweiten Hälfte des vorigen Jahrhunderts bewirkten die Nachstellungen den beschriebenen drastischen Rückgang und schließlich die Verdrängung aus weiten Teilen des angestammten Verbreitungsareals.

Die älteste bekannte Kolonie heißt Wanneperveen. Sie befindet sich in der Provinz Overijssel und ist seit 150 Jahren bekannt. Den Brutvögeln dieser Kolonie wurde immer nachgestellt. Trotzdem überdauerte sie bis in die Gegenwart, ging allerdings zu Beginn der 70er Jahre auf etwa 50 Brutpaare zurück, weil sich die Ernährungsbedingungen durch den Bau eines Polders

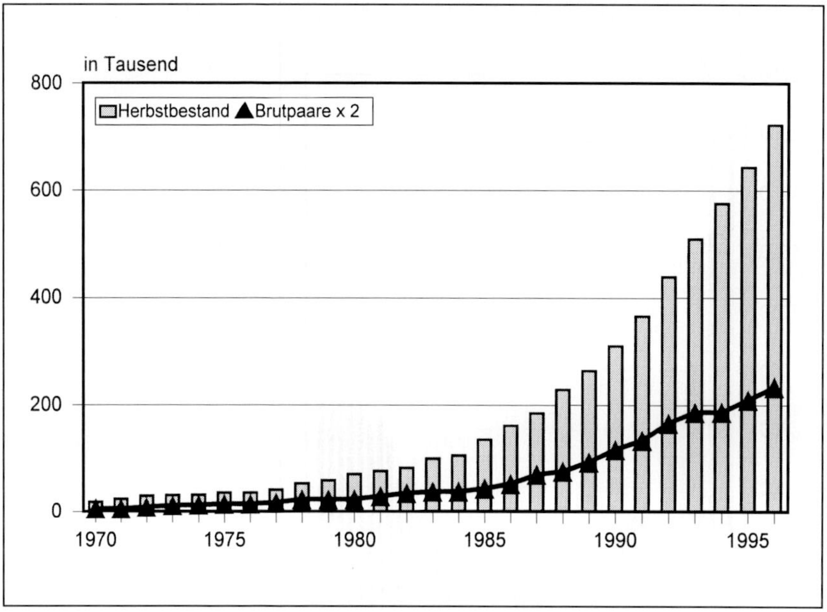

Abb. 43 Bestandsentwicklung des Kormorans in Europa

verschlechterten, die Fischer behördlich eine Reduzierung der Kolonie durchsetzten und sich der Pestizideinsatz auswirkte (Abb. 44). Im vorigen Jahrhundert bereicherten die Vögel zwar noch die Speisekarte der ansässigen Bevölkerung, doch trotzdem wurden die Nester von den Fischern zerstört.

Neben dieser „klassischen“ niederländischen Kolonie gab es in den ersten Jahrzehnten dieses Jahrhunderts einige weitere Ansiedlungen. Insgesamt lebten einige tausend Paare in den Niederlanden, die sich auf mehrere Kolonien verteilten. Den Fischern waren das jedoch schon damals zu viele. Verstärkte Nachstellungen in den ersten Jahrzehnten dieses Jahrhunderts brachten die „Aalscholvers“ fast zum Aussterben. Von etwa 2000 Paaren zu Beginn des Jahrhunderts ging der Brutbestand auf wenige hundert Paare um 1925 zurück (Veldkamp 1971).

Das rief die erstarkende Naturschutzbewegung auf den Plan. 1934 wurde erstmals das Areal einer Brutkolonie von einer niederländischen Vogelschutzvereinigung aufgekauft und unter Schutz gestellt. Auch dem Kormoran wurde schon in dieser Zeit gesetzlicher Schutz gewährt, so daß es sehr schnell zu er-

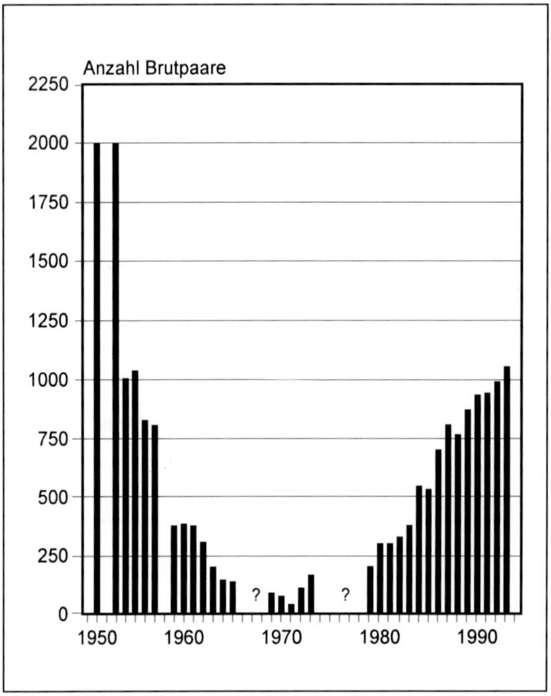

Abb. 44 Entwicklung der Kolonie Wanneperveen (Niederlande)

neuter Bestandszunahme kam. Schon 1940 brüteten über 2400 Paare. Nun folgte eine Periode gekennzeichnet durch Schutz von Kolonien und daraus resultierend raschem Bestandsanstieg. Parallel dazu setzte jedoch erneut Verfolgung vor allem durch Zerstörung der Nester ein. Als Ergebnis hielt sich der Bestand etwa die Waage. Der Schutz war zunächst noch wenig effektiv. Es war durchaus üblich, daß die Fischer selbst in den Schutzgebieten den Kormoranen nachstellten. Die Kolonie Wanneperveen schrumpfte zwischen 1964 und 1971 von 150 auf 50 Brutpaare. Eine Ansiedlung, die sich in der Nähe bildete, insgesamt ca. 2000 Brutpaare, wurde zu Beginn der 40er Jahre von Fischern zerstört.

Ein Zentrum neuer Ansiedlungen war das Gebiet um das IJsselmeer. Von dort ging auch die explosive Entwicklung aus, als die Art unter strengeren Schutz gestellt wurde. Das IJsselmeer war früher ein Teil des Wattenmeeres. Durch einen 32 km langen Damm wurde es 1932 abgetrennt. Das Brackwasser süßte allmählich aus, so daß nunmehr ein riesiger Süßwassersee mit einer

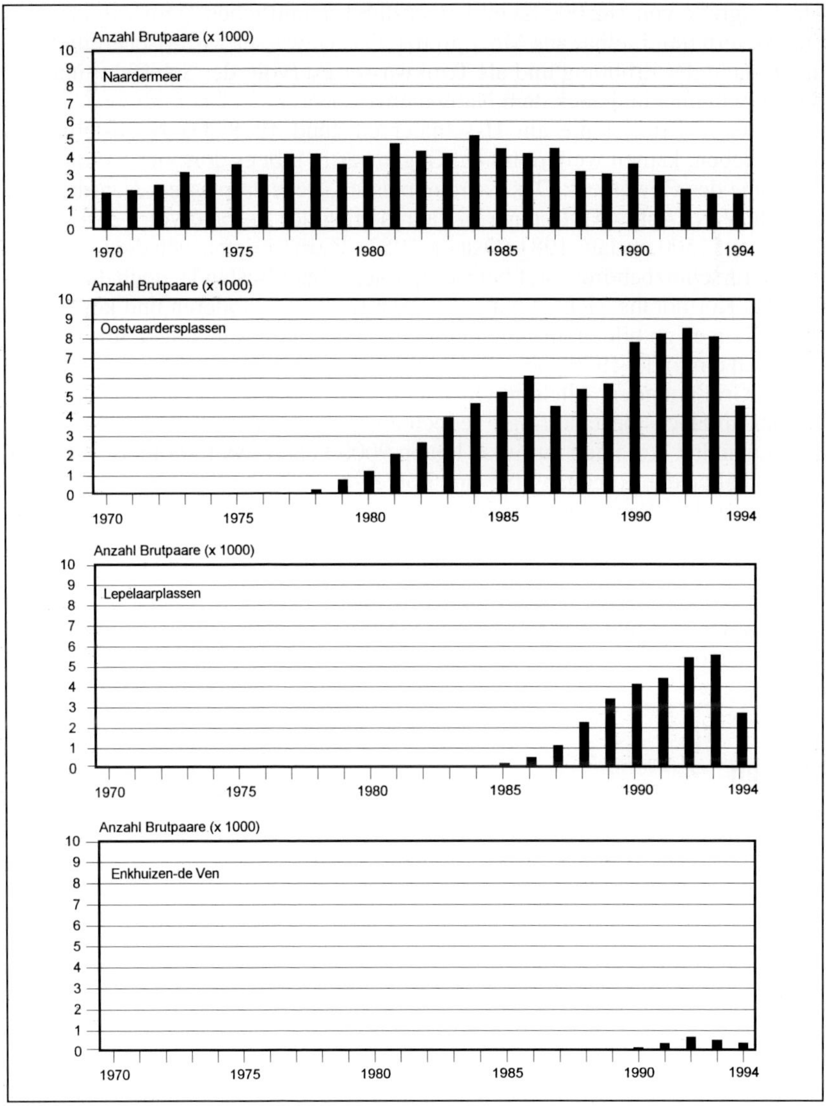

Abb. 45 Bestandsentwicklung des Kormorans in den Kolonien am IJsselmeer 1970–1994 (verändert nach VAN EERDEN & ZIJLSTRA [1995])

Flächengröße von 182 000 ha und einer durchschnittlichen Tiefe von zwei bis vier Metern unmittelbar ans Meer grenzt. Das Gewässer wird fischereilich genutzt, dient der Erholung und als Trinkwasserreservoir, der Schiffahrt und der Sandgewinnung und auch dem Naturschutz.

Die erste Brutkolonie am IJsselmeer entstand 1978. Da Nachstellungen unterblieben, kamen weitere hinzu. Gegenwärtig gibt es dort vier Kolonien in der Nähe des Gewässers: Oostvaardersplassen, Lepelaarplassen, Naardermeer und DE VEN (Abb. 45). In nur vier Jahren stieg der Bestand von 125 Horsten (1978) auf 1500 im Jahr 1981 (OSIECK 1982). Zwar einigten sich die Fischerei- und Naturschutzbehörden auf beidseitig tolerierbare Bestände, doch die Fähigkeit des Kormorans, sich an neuen Plätzen rasch zu etablieren und kopfstarke Ansiedlungen zu bilden, machte den Planungen und Festlegungen immer wieder rasch ein Ende. 1970 gab es etwa 2000 Brutpaare, 1993 – 15 000, und zwar in drei Großkolonien. Allein in Oostvaardersplassen brüteten 8000 Paare.

Diesem Höchstbestand folgte jedoch ein jäher Absturz. Schon 1994, brüteten in den drei Kolonien nur noch knapp 9000 Paare. VAN EERDEN & ZIJLSTRA (1995) halten den Rückgang für eine Folge von Veränderungen im Ökosystem IJsselmeer. Die Wasserqualität hat sich verbessert, die limnischen Lebensgemeinschaften haben sich demzufolge verändert. Die Lebensbedingungen für Kormorane sind ungünstiger geworden.

Ähnlich wie in Dänemark waren es in den Niederlanden sich addierende günstige Umstände, die die exponentielle Bestandsentwicklung begünstigten: Schutz in den Kolonien, Verbot der Reduktion von Jungvögeln, Ansiedlungsmöglichkeiten und nahezu unbegrenztes Nahrungsangebot besonders im IJsselmeer.

Belgien

In Belgien gab es vor dem zweiten Weltkrieg eine zunächst aus wenigen Paaren bestehende Ansiedlung, die zeitweilig (1944) bis auf 100 Brutpaare anwuchs. Sie wurde 1953 zerstört. Zwar siedelten sich kurzfristig in den 50er Jahren Kormorane noch an andere Stelle an, doch dauerhaft hielten sie sich nicht. Seit 1964 ist der Kormoran aus Belgien als Brutvogel verschwunden.

Frankreich

In Nordfrankreich sind in den letzen Jahren einige Binnenlandkolonien auf Bäumen entstanden, die allerdings *Phalacrocorax carbo sinensis* zugeordnet werden (MARION 1995). Damit überlappen in Nordwestfrankreich die Verbreitungsareale beider Unterarten (Debout 1987, Debout et al. 1995). Zu Ansiedlungen der Unterart *Phalacrocorax carbo sinensis* ist es auch an der südenglischen Kanalküste gekommen.

Deutschland

Der Kormoran ist in historischer Zeit wohl immer ein unregelmäßig verbreiteter Brutvogel in Deutschland gewesen. Zu langdauernden Ansiedlungen an gleicher Stelle kam es nie, weil einerseits Koloniegründungen nicht toleriert wurden und andererseits der ätzend scharfe Kot die Brutbäume absterben ließ.

Zuverlässige Angaben über Vorkommen und Häufigkeit gibt es erst aus dem vorigen Jahrhundert. Ältere Quellen sind wenig verläßlich und viel zu unbestimmt, um Vergleiche mit der heutigen Situation zuzulassen. Das Vorkommen beschränkte sich auf das gewässerreiche norddeutsche Tiefland, also ein Gebiet, das etwa die heutigen Bundesländer Schleswig-Holstein, Mecklenburg-Vorpommern und Brandenburg umfaßt. In Süddeutschland fehlte er als Brutvogel oder kam nur sporadisch vor.

Die Entwicklung des Kormoranbestandes in Deutschland in den letzten Jahrzehnten steht im Zusammenhang mit der Entstehung der großen Kolonien in Dänemark und im gesamten westlichen Ostseeraum. In den letzten Jahren kamen das starke Anwachsen einiger Kolonien und die zahlreichen Neugründungen in Norddeutschland begünstigend für die sich abzeichnende Ausdehnung des Brutareals auf ganz Deutschland hinzu (Abb. 46).

Brutbestand in den deutschen Bundesländern

Schleswig-Holstein Nach rigoroser Verfolgung war das Schicksal des Kormorans in Schleswig-Holstein mit der Ausrottung der letzten Brutkolonie am Flemhuder See bei Kiel 1890 besiegelt. Jahrzehntelang erschien er nur als Zugvogel. Es sollte fast ein Jahrhundert dauern, bis er sich erneut ansiedelte. Die ersten 8 Paare brüteten 1982 am Großen Plöner See (Knief & Witt 1983). Dort konnten sich die Kormorane infolge massiver Störungen jedoch nicht dauerhaft halten. Neue Kolonien entstanden am Culpiner See, Selenter See und Wittensee. In den 90er Jahren bildeten sich zwei neue große Kolonien in Ostseenähe am Hemmelmarker See nahe Eckernförde und am Pugumer See bei Flensburg. 1993 brüteten annähernd 2500 Paare in 7 Kolonien (Abb. 47a), (Kieckbusch & Koop 1996).

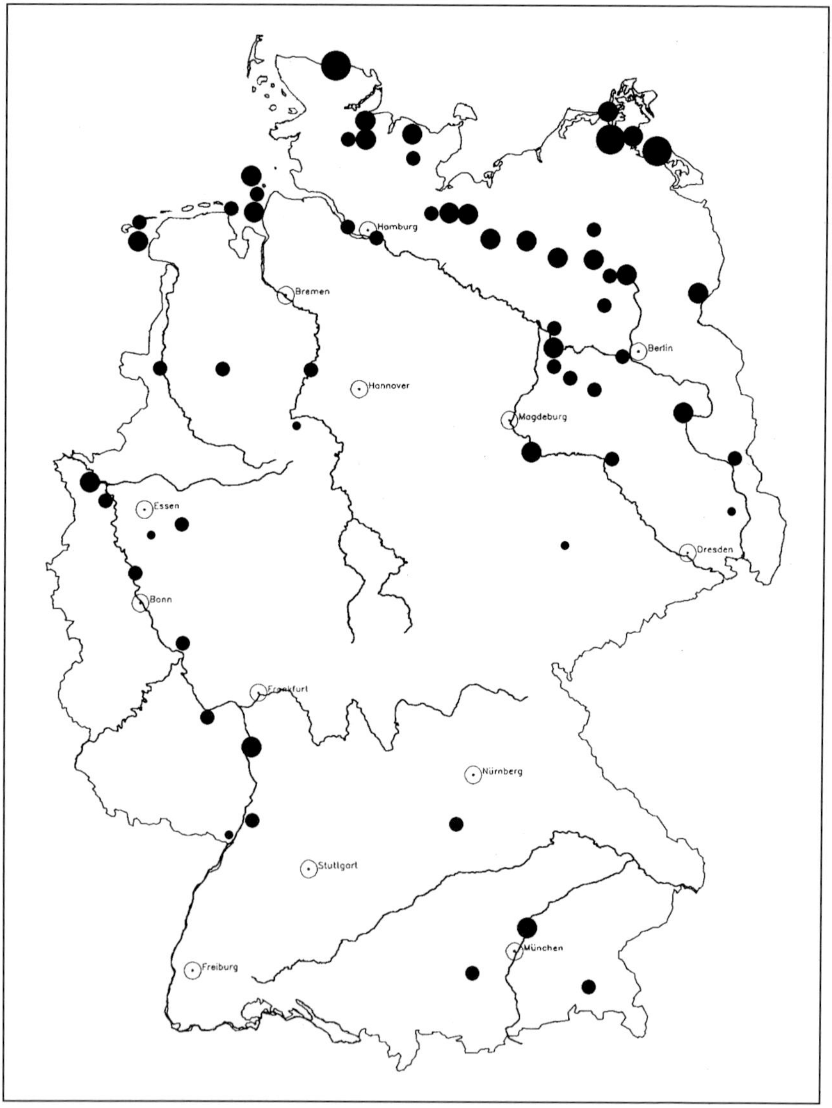

Abb. 46 Brutverbreitung des Kormorans in Deutschland in der Mitte der 90er Jahre (nach KNIEF 1996)

Tabelle 2 Brutbestand und Bestandsentwicklung des Kormorans in Deutschland (nach Angaben von Mädlow & Mayr 1996 und Knief 1996)

Bundesland	**1992**	**1993**	**1994**	**1995**
Schleswig-Holstein	1566	2466	2457	3202
Mecklenburg-Vorpommern	6702	7332	9500	8458
Niedersachsen	406	421	639	753
Hamburg	0	0	52	148
Berlin	0	0	52	36
Brandenburg	255	373	712	1262
Sachsen-Anhalt	32	52	257	256
Nordrhein-Westfalen	33	110	211	226
Sachsen	35	54	126	6
Hessen	150	150	190	297
Rheinland-Pfalz	4	35	64	68
Baden-Württemberg	0	0	5	10
Bayern	251	218	297	344
Summe der Brutpaare	9432	11 211	14 473	15 075
Summe Kolonien Brutplätze	40	46	62	60

Mecklenburg-Vorpommern In Mecklenburg waren binnenländische Ansiedlungen im 19. Jahrhundert genauso kurzlebig wie in anderen Teilen Norddeutschlands. In den 30er Jahren dieses Jahrhunderts bildeten sich kleinere Ansiedlungen auf der Insel Rügen. Dauerhaften Bestand in Vorpommern hatte jedoch nur die Ansiedlung Niederhof bei Greifswald, die durch Abschuß auf 800 bis 1000 Brutpaare begrenzt wurde. Seit 1990 wächst sie ungebremst, so daß der Bestand 1995 auf über 3000 Brutpaare stieg. In den 70er Jahren siedelten sich Kormorane an mehreren Seen im mecklenburgisch-vorpommerschen Binnenland an, die sich zum Teil zu kopfstarken Kolonien entwickelt haben. 1995 brüteten auf der Insel Tollow über 600, im NSG Bolzer See knapp 800, im Torgelower über 100, im NSG Nonnenhof etwa 130 Paare, im NSG Nordufer Plauer See fast 200 Paare. Eine aus mehren Teilen bestehende Großkolonie hat sich in der ersten Hälfte der 90er Jahre im NSG Peenemünder Haken, unmittelbar an der Ostseeküste gebildet. Dort brüteten 1996 über 2500 Paare. – Auf der Insel Heuwiese (der Westküste der Insel Rügen vorgelagert/Nationalpark) entwickelte sich in wenigen Jahren eine kopfstarke Kolonie bodenbrütender Kormorane zu der 1994 rund 1800 Paare gehörten. Die Kormorane verdrängen zunehmend auf der Insel brütende bestandsgefährdete Vogelarten (Abb. 47b).

Brandenburg In der Mark Brandenburg reichen die Angaben über Kormoranbruten bis ins ausgehende Mittelalter zurück. Was man vom Kormoran vor 250 Jahren in Brandenburg wußte und wie man über den Vogel dachte, kann man bei BEKMAN (1751, zit. in SCHALOW 1919) nachlesen: „Anno 1737 hat sich bei ...Biesenbrow Angermünde eine besondere ahrt vögel sehen lassen, die einer großen Türkischen ente nicht unähnlich, schwarz von farbe und mit gänsefüßen versehen gewesen; welchem ohngeacht sie sich doch beständig auf den bäumen aufgehalten, auf selbigen auch gehekket und 10 bis 12 jungen ausgebracht. Den folgenden winter hat man sie nicht weiter gesehen. Welches dann allem ansehen nach eine ahrt Zugvögel gewesen, die ihren zug sonst anders wohin mögen richten, sich aber hier verirret haben."

SCHALOW (1919) mißt dem Kormoran erst seit Beginn des 19. Jahrhunderts weite Verbreitung in der Mark zu. Er schreibt: „In Scharen von Tausenden trat sie (die Kormoranscharbe E. R.) an einzelnen großen Seen plötzlich auf, vollzog in den umliegenden Forsten ihr Brutgeschäft und ging während dieser Zeit unablässig der Fischerei nach. Die Scharbe verweilten dann meist so lang, bis sie die Fische des betreffenden Sees vertilgt hatten oder bis sie selbst mit Gewalt vertrieben wurden. Am Werbellinsee bei Joachimsthal ließ sich 1837 eine ungeheure Kolonie nieder."

Nach einem ersten Brutversuch in den 60er Jahren (RUTSCHKE 1983), ist der Kormoran seit Anfang der 90 er Jahre wieder Brutvogel in Brandenburg (Abb. 47c). Gegenwärtig gibt es 7 Kolonien, darunter 3 größere: Am NSG Gülper See, am Wochowsee und im Teichgebiet Peitz.

Die Ansiedlung an der unteren Oder erfolgte 1986. Seit 1993 hat sich die Kolonie fest etabliert. – Am NSG Gülper See (Landkreis Havelland) siedelten sich Kormorane 1991 in einer Graureiherkolonie an. Die Kolonie wuchs von zunächst 6 Brutpaaren auf 66 Paare 1994 auf über 200 1995. Seit 1986 brüten Kormorane zusammen mit Graureihern inmitten des Teichgebietes Peitz. – Der ehemalige VEB Binnenfischerei Peitz erhielt die Erlaubnis, das Koloniewachstum durch Abschuß zu begrenzen. Das geschah, und dementsprechend nisteten 1988 nur 8–10 und 1989 – 7 Paare. Eine rasche Zunahme erfolgte in den 90er Jahren, nachdem die Kolonie strenger geschützt und Abschuß und Beunruhigungen verboten wurden. Das Maximum war 1993 mit 138 Paaren erreicht. Seit 1994 wird der Brutbestand durch den Fischereibetrieb mit Zustimmung der Landesregierung wieder reduziert. – Zu Beginn der 90er Jahre entstand eine Kolonie am Wochowsee (Landkreis Oder-Spree), zu der bereits 1992 130 Paare gehörten. Sie wuchs 1993 auf etwa 200 Paare und vergrößerte sich 1995 auf über 600 Paare. – Am Rietzer See (Landkreis Potsdam/Mittelmark) etablierte sich 1994 eine Kolonie auf Weiden (14 Brutpaare). – Bemerkenswert ist die Ansiedlung in Berlin auf der Pfaueninsel. Etwa 35 Paare brüteten erfolgreich. Bis zu 300 Kormo-

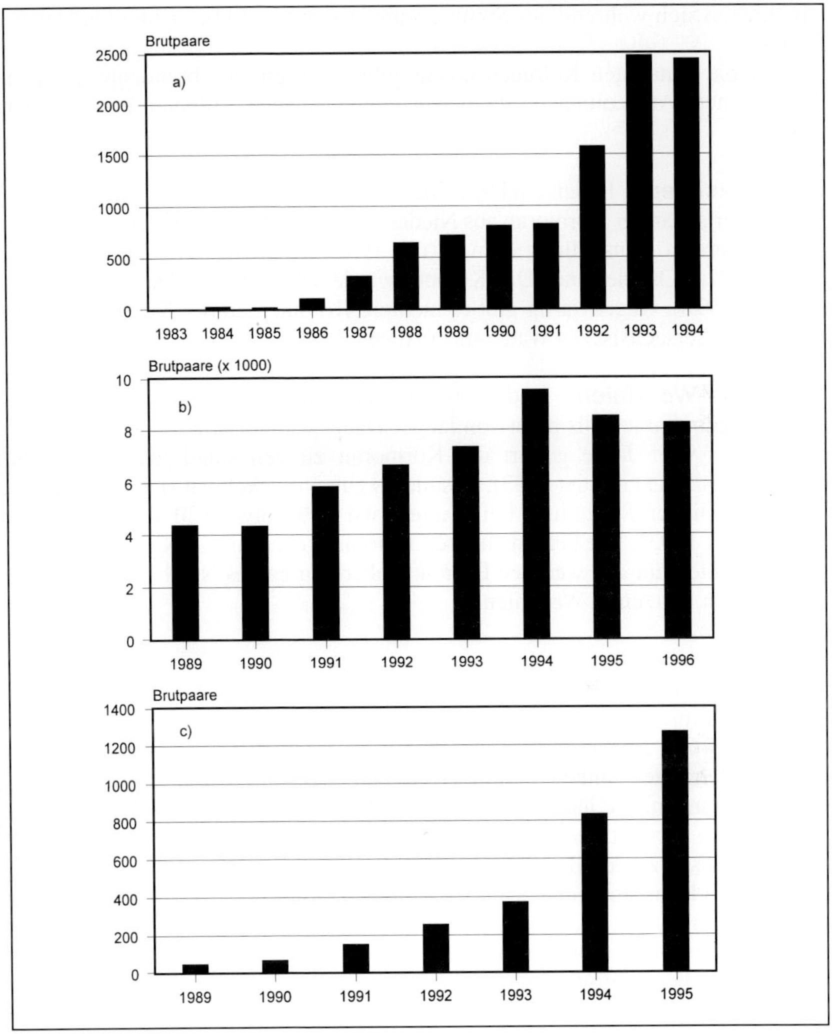

Abb. 47 Bestandsentwicklung des Kormorans in drei Bundesländern mit hohem Kormoranbestand
a Schleswig-Holstein
b Mecklenburg-Vorpommern
c Brandenburg

rane hielten sich während des Sommers am Wannsee und benachbarten Havelseen auf.

Über die genannten Kolonien hinaus gibt es an einigen brandenburgischen Seen kleinere Ansiedlungen, aus denen vielleicht neue Kolonien hervorgehen werden.

Niedersachsen Im letzten Drittel des vorigen und in der ersten Hälfte dieses Jahrhunderts war der Kormoran aus Niedersachsen als Brutvogel verschwunden. Zu einer ersten Ansiedlung kam es um 1950 in einem Weißtannenforst bei Lütetsburg in Ostfriesland. Die Kolonie wurde 1958 durch Abschuß beseitigt (GOETHE 1978). Gegenwärtig gibt es mehrere Kolonien an der Küste im Nationalpark Niedersächsisches Wattenmeer (KNIEF 1996).

Nordrhein-Westfalen In den 80er Jahren kam es nur vereinzelt zu Brutansiedlungen, die jeweils nicht von langer Dauer waren (HUBATSCH 1989). Seit Beginn der 90er Jahre gehört der Kormoran zu den ständigen Brutvögeln (BUCHHEIM & BELLEBAUM 1993). Besonders gut entwickelt hat sich die Kolonie auf der Bislicher Rheininsel bei Xanten, wo 1993 etwa 120 Paare brüteten (MEBS et al. 1993). Die beiden anderen Kolonien, ebenfalls in Rheinnähe gelegen, bestanden nur aus wenigen Paaren. Außerdem gab es Nestbauversuche an drei anderen Plätzen in Westfalen.

Sachsen In Sachsen trat der Kormoran bis vor wenigen Jahren nur als Durchzügler auf, und in der ersten Hälfte dieses Jahrhunderts sogar nur spärlich. Das änderte sich mit der Zunahme und Wiederausbreitung in Dänemark und Norddeutschland. Zur Zugzeit erschienen in den Teichgebieten der Lausitz Scharen, die nach Hunderten zählten, und bereits in den 80er Jahren kam es vereinzelt zu Brutansiedlungen. Sie hatten jedoch keinen Bestand, weil sie von den Fischern unverzüglich zerstört wurden. Seit Beginn der 90er Jahre zählt der Kormoran auch in Sachsen zu den Brutvögeln. Eine kleine Kolonie befindet sich an einem Restloch des Braunkohlentagebaus bei Mortka. Dort brüteten 1990 2 Paare, 1991 waren es 4 und 1994 bereits 84, obwohl regulierend eingegriffen wurde. Gelegentliche Ansiedlungen an Fischteichen sind mehrfach erfolgt, jedoch durch die Fischer rasch beseitigt worden (SEICHE & WÜNSCHE 1996).

Bayern An den großen Voralpenseen kam es im vorigen Jahrhundert und gelegentlich auch in der ersten Hälfte dieses Jahrhunderts zu Ansiedlungen einzelner Paare. Eine Kolonie entstand 1977 im Ismaninger Teichgebiet bei München (zunächst nur ein Brutpaar). 1980 brüteten bereits 7 Paare (REICHHOLF 1993).

Rheinland-Pfalz und Baden-Württemberg In beiden Bundesländern ist es in den letzten Jahren zu kleineren Ansiedlungen gekommen. Bestandsanstieg und weitere Neuansiedlungen sind zu erwarten.

Dänemark

In Dänemark, wo der Kormoran immer eine Heimstatt hatte, gelang es um 1876 die letzte Kormorankolonie auszurotten. Kormorane erschienen zwar als Besucher, zu einer Ansiedlung kam es jedoch nicht. Erst 1938, also nach einem halben Jahrhundert Abwesenheit, brüteten Kormorane wieder in Dänemark. Sie unternahmen Ansiedlungsversuche an verschiedenen Stellen, dauerhaft gelang das nur auf der Insel Vorsoe in einem Naturschutzgebiet. Dort wurden sie nicht vertrieben, doch die Größe der Kolonie hielt sich in Grenzen (etwa 200 Paare), weil regulierend in den Bestand eingegriffen wurde. 1972 stoppte der dänische Naturschutzrat die Reduktionsmaßnahmen in der Kolonie in Vorso. Danach kam es zu Neuansiedlungen in anderen Landesteilen. Die Wiederausbreitung vollzog sich dann außerordentlich schnell. Schon 1972 entstand eine Kolonie im südlichen Seeland (Ormoe), 1972 folgte eine weitere im südlichen Fünen. 1980 gab es drei Kolonien mit etwa 2000 Brutpaaren. Bei jährlichen Zuwachsraten von 30 % vervierfachte sich der Bestand in 5 Jahren (1985) auf etwa 7500 Brutpaare, verteilt auf neun Kolonien.

In Dänemark war wie anderwärts der bessere Schutz Hauptursache für die Neugründung von Kolonien. Sie blieben jedoch klein, solange das Wachstum durch Abschuß gebremst wurde. Erst als auch die Jagd verboten wurde und der gesetzlich verordnete Schutz gegen Ende der 60er Jahre sich voll auszuwirken begann, ging es rasch aufwärts.

Die Bestandsentwicklung in Dänemark zeigt modellhaft, wie es zu exponentiellem Wachstum kommt, wenn mehrere Faktoren zusammentreffen: Unterschutzstellung der Kolonien verbunden mit dem Verbot der Reduktion des Nachwuches, Abschußverbot und die Möglichkeit, sich an fischreichen Gewässern ungestört anzusiedeln. Die Folge waren Nachwuchsraten zwischen 26 % und 46 % jährlich zu Beginn der 70er Jahre. Neue Kolonien bildeten sich, und der Gesamtbestand stieg in Dänemark auf 38 300 Paare (1995), (BREGNBALLE & GREGERSEN 1995).

Schweden

In Schweden war das Ziel der ständigen intensiven Verfolgung der Kormorane gegen 1890 erreicht. Er war als Brutvogel ausgerottet. Nach mehr als einem halben Jahrhundert Abwesenheit etablierte sich in den 40er Jahren eine Kolonie südlich von Kalmar in der Provinz Smaland (LINDELL et al. 1995). Der Bestand blieb jedoch bis in die 80er Jahre gering (etwa 150 Brutpaare). Dann setzte starkes Wachstum ein, verbunden mit der Neugründung von Kolonien. Zu Beginn der 90er Jahre gab es 17 Kolonien. Die meisten befinden sich nahe der Ostseeküste, nur drei Kolonien entstanden an Seen im Binnenland (die erste 1989). Die Zunahme hielt in den 90er Jahren an. 1995 brüteten 15 400 Paare in 56 Kolonien. Gegenwärtig erfolgt die Ausbreitung im Norden der Ostseeküste.

Polen

In Polen gelang es dem Kormoran, sich trotz starker Verfolgung während der ganzen ersten Hälfte dieses Jahrhunderts in wenigen Kolonien und geringem Bestand (etwa 150 Brutpaare) zu behaupten. Eine allmähliche Ausbreitung verbunden mit leichtem Bestandsanstieg vollzog sich in der Periode von 1950 bis 1980, nachdem die Art unter Naturschutz gestellt wurde. 1981 brütete er an 10 Plätzen. Seit Beginn der 80er Jahre breitete er sich rasch über ganz Polen aus, also zeitgleich mit der Entwicklung in anderen Ländern. 1985 waren bereits 15 Kolonien bekannt, 1992 – 32 (LINDELL et al. 1995). Gut besiedelt ist der nordöstliche Teil des Landes. Zu Beginn der 90er Jahre gab es über 8000 Paare, 1995 waren es bereits rund 11 000 verteilt auf 40 Kolonien. Der Seenreichtum des Landes (Masuren, Pommern) läßt eine weitere Ausbreitung erwarten. Die größte Kolonie mit über 3800 Brutpaaren (1992) befindet sich im Karie-Rybackie-Schutzgebiet.

Litauen

Zu Beginn des Jahrhunderts gehörte der Kormoran zu den Brutvögeln Litauens, wurde dann immer seltener und schließlich gab es bis zu Beginn der 90er Jahre keine Brutansiedlungen mehr. Die erste kleine Kolonie (13 Paare, in einer Graureiherkolonie) bildete sich 1990. Inzwischen entstanden drei Kolonien, davon eine auf der Kurischen Nehrung (Mischkolonie mit Graureihern). Der Bestand lag 1992 bei 50 bis 100 Brutpaaren und ist seitdem auf 800–1000 angewachsen (1995), (STANEVICIUS 1995).

Lettland

Bis gegen Ende der 80er Jahre fehlte der Kormoran als Brutvogel. Die erste Ansiedlung entstand am Lubana-See 1988, eine weitere am Engure-See 1990. Letztere wurde jedoch wieder aufgegeben. Zwei Koloniegründungen erfolgten an anderen Gewässern, in denen 1995 insgesamt etwa 250 Paare brüteten.

Estland

Nach jahrzehntelanger Abwesenheit siedelte sich der Kormoran 1984 in Estland wieder an, und zwar zunächst mit wenigen Paaren im Matsalu-Schutzgebiet an der Ostseeküste. Die Kolonie wuchs bis 1993 auf über 800 Paare. In den 90er Jahren entstanden in Küstennähe mehrere kleine Ansiedlungen, und der Gesamtbestand stieg auf rund 1400 in 8 Kolonien.

Tschechien

Die Wiederbesiedlung in Mähren begann Anfang der 60er Jahre und wenige Jahre später auch in Böhmen, wo die Art seit dem 17. Jahrhundert ausgerottet war. Im südlichen Mähren entstand eine Kolonie mit etwa 600 Paaren (Abb. 48).

Österreich

An der Donau war der Kormoran bis zu Beginn des Jahrhunderts Brutvogel, und eine Kolonie in der Lobau in der Nähe Wiens blieb bis 1927 erhalten (250 bis 300 Paare). Dann verschwand die Art als Brutvogel aus Österreich. Erneute Brutversuche unternahm der Kormoran zu Beginn der 60er Jahre, die jedoch erfolglos blieben. Bis zur Gegenwart ist es ihm nicht gelungen, dauerhafte Ansiedlungen zu begründen (s. a. Abb. 50, 51).

Slowakei

In den Auwäldern der Donau war der Kormoran bis zu Beginn der 60er Jahre ein regelmäßiger Brutvogel. Anfang der 30er Jahre gab es dort eine große Kolonie mit etwa 1500 Brutpaaren (LINDELL et al. 1995). Nach 3 Jahrzehnten Abwesen-

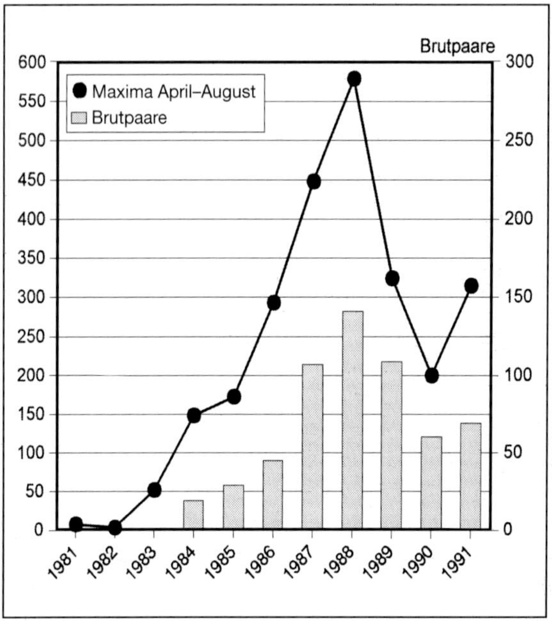

Abb. 48 Entwicklung des Kormoranbestandes im Teichgebiet Trebon (Tschechien)

heit hat der Kormoran zu Beginn der 90er Jahre eine neue Kolonie gegründet und ist damit als Brutvogel auch in die Slowakei zurückgekehrt.

Ehemaliges Jugoslawien

Wie in anderen Balkanländern war der Kormoran im früheren Jugoslawien wohl immer Brutvogel, wenngleich mit stark wechselndem Bestand, jedoch erst seit Mitte der 70er Jahre gab es einen kontinuierlichen Anstieg. Aus den 90er Jahren fehlen zuverlässige Angaben, doch es dürften etwa 2000 Paare, verteilt auf mehrere Kolonien, brüten.

Rumänien

Aus der Vergangenheit fehlen verläßliche Angaben, doch das Donaudelta war wohl immer von Kormoranen besiedelt. 1980 gab es dort 10 große Kolonien mit über 4000 Brutpaaren. Seitdem stieg der Bestand. Er wurde 1985 auf 15 000 Paare geschätzt.

Moldawien

Eine Kolonie mit etwa 2000 Brutpaaren ist bekannt.

Ukraine

Im vorigen Jahrhundert gehörte der Kormoran zu den verbreiteten und häufigen Brutvögeln in der Ukraine, insbesondere im Mündungsgebiet der größeren Flüsse und an der Küste des Schwarzen Meeres. Infolge starker Verfolgung verschwand er jedoch von vielen Brutplätzen. In der westlichen Ukraine hat er in diesem Jahrhundert jahrzehntelang nicht gebrütet. Die Wiederbesiedlung des Landes verbunden mit zahlreichen Neugründungen von Kolonien und raschem Bestandsanstieg setzte in den 70er Jahren ein. 1993 wurde der Gesamtbestand auf 24 000 Brutpaare geschätzt.

Rußland (nur nordwesteuropäischer Teil)

Erst in den letzten Jahrzehnten kam es in der Kandalakschabucht am Weißen Meer zu größeren Ansiedlungen. Eine kopfstarke Kolonie (1300 Paare) entstand am Golf von Finnland. Weitere kleinere Kolonien mit etwa 1400 Paaren gibt es in der Region um St. Petersburg.

Bulgarien

Bis zu Beginn der 50er Jahre dieses Jahrhunderts gehörte der Kormoran an der bulgarischen Schwarzmeerküste und an der Donau zu den verbreiteten Brutvögeln. Danach erfolgte starker Rückgang, verursacht vor allem durch Trockenlegungen und Landerschließungen im Küstengebiet und Verfolgung durch die Fischerei. Von der Küste verschwand er als Brutvogel. Seit Beginn der 80er Jahre nimmt der Brutbestand wieder zu. Er wurde zu Beginn der 90er Jahre auf 1000 Brutpaare geschätzt (IVANOV et al. 1993).

Gesamtbestand in Europa und Entwicklungstrends

Die Zahlen in Tabelle 3 sind nicht Ergebnis genauer Zählungen, sondern Schätzwerte. Sie sind beruhen jedoch auf den Angaben der Experten aus den jeweiligen Ländern, vermitteln also ein hohes Maß an Verläßlichkeit. Der europäische Gesamtbestand wird für die Mitte der 90er Jahre mit 150 000 Brutpaaren angenommen.

In den Ländern von denen die Zunahme in den letzten beiden Jahrzehnten ausging, den Niederlanden und Dänemark, scheint sich der Bestand nunmehr auf gleichbleibendem Niveau einzupendeln. Zuwachs gibt es in Ostdeutschland und in Osteuropa. In Südosteuropa hat die Zunahme erst in den letzten Jahren begonnen, so daß steigende Bestände erwartet werden dürfen.

Bis vor wenigen Jahren wurde das Populationswachstum in den Ländern mit hohem Bestand (Niederlande, Dänemark, Deutschland) nicht begrenzt. Das hat sich gewandelt. In die Population wird in doppelter Weise eingegriffen, durch Reduktion des Brutbestandes und durch Abschuß an gefährdeten Gewässern, insbesondere in den Wintermonaten. Möglicherweise ist die Stabilisierung in den Niederlanden und in Dänemark in erster Linie darauf und weniger auf allgemeine Gesetzmäßigkeiten des Populationswachstums zurückzuführen.

Die europäische Population der Unterart *Phalacrocorax carbo carbo* (s. a. Kap. 7. 4) hat in den letzten Jahren zwar auch zugenommen, jedoch längst nicht so stark wie *Phalacrocorax carbo sinensis*. Der Bestand wird auf 40 000–50 000 Brutpaare geschätzt, also höher als in der Tabelle angegeben. Die dort für Irland und Island genannten Schätzwerte sind wahrscheinlich größer.

Unsicher ist der Status der in Großbritannien brütenden Kormorane. Zumindest im Süden des Landes gehört ein Teil zur Festlandspopulation. Das trifft auch für Nordfrankreich zu.

7.2 Verbreitung außerhalb der Brutzeit

In den unmittelbar auf die Brutzeit folgenden Sommermonaten verteilen sich die Kormorane entsprechend dem Nahrungsangebot. Ein Teil bleibt im Brutareal, andere suchen benachbarte Gewässer auf, und andere führen bereits Wanderungen aus. Diese bewirken spätestens mit Herbstbeginn eine Umverteilung. Ein großer Teil der in Nord- und Nordwesteuropa als Brutvögel ansässigen Kormorane verläßt diese Gebiete und zieht nach Südeuropa. Die hauptsächlich betroffenen Länder sind Frankreich, Spanien, die Schweiz, Italien, Österreich

Tabelle 3 Brutbestand der Unterart *Phalacrocorax carbo sinensis* in Europa 1995 (Angaben nach BREGNBALLE et al. 1996)

Land	Kolonien	Brutpaare	Jahr
Belgien	7	272	1995
Bulgarien	?	1000	1993
Dänemark	35	38 000	1995
Deutschland	59	15 000	1995
Estland	8	1400	1994
Griechenland	3 bis 4	3000	1995
Italien	7	500	1995
Jugoslawien (ehemaliges)	?	2000	1984
Lettland	?	200	1995
Litauen	?	2000	1995
Moldawien	1	2000	1985
Niederlande	30	16 000	1995
Polen	40	11 000	1995
Rumänien	12	15 000	1995
Rußland (St. Petersburg)	2	1400	1995
Rußland (HI Kola)	?	150	?
Schweden	56	15 400	1995
Slowakei	2	200	1995
Tschechien	2	300	1995
Ukraine	?	24 000	1993
Ungarn	5	2300	1990
Weißrußland	8	850	1995

Tabelle 4 Brutbestand der Unterart *Phalacrocorax carbo carbo* in Europa 1995 (Angaben nach BREGNBALLE et al. 1996)

Land	Kolonien	Brutpaar	Jahr
Frankreich	?	3000	1995
Großbritannien	?	7500	1995
Island	?	3500	1975
Irland	?	4700	1986
Norwegen	155	24 000	1995

und die Länder des ehemaligen Jugoslawien. Als Folge des allgemeinen Anstiegs des Bestandes sind Kormorane an Gewässern in diesen Ländern zu Allerweltsvögeln geworden.

Frankreich

Frankreich ist als Überwinterungsgebiet für Kormorane schon allein deshalb interessant, weil dort beide Unterarten nebeneinander vorkommen. Vor der Zunahme der binnenländischen Unterart dominierte die atlantische Unterart. Neben den an der französischen Atlantikküste brütenden, waren es vor allem aus Großbritannien kommende, die die westliche Atlantikküste bevölkerten und in geringerer Anzahl auch im französischen Binnenland erschienen. Bis 1970 wurde der Winterbestand auf 4000 Kormorane geschätzt (MARION 1995). Seitdem hat sich das Bild drastisch verändert. Die Anzahl der Überwinterer ist bis auf 6000 (1992) gestiegen. Mehrheitlich handelt es sich dabei um Vögel der Unterart *Phalacrocorax carbo sinensis*. Sie stammen überwiegend aus Dänemark und den Niederlanden. Hauptüberwinterungsgebiete sind die großen Flußtäler (Loire und Rhone). Vögel der Unterart *Phalacrocorax carbo carbo* bevorzugen auch im Winter die Atlantikküste.

Schweiz

Kormorane haben in der Schweiz in historischer Zeit nicht gebrütet, doch die Gewässer des Landes gehören zu den wichtigsten Überwinterungsgebieten. Die großen Voralpenseen, Stauseen und auch viele Flüsse frieren selbst in kalten Wintern nicht zu oder bleiben doch zumindest teilweise offen. Sie werden von Kormoranen aufgesucht. Seit Ende der 60er Jahre gibt es sehr genaue Zahlen über ihre Anzahl (Abb. 49). Zunächst erschienen Kormorane jedoch nur an den großen Seen (Bodensee, Neuenburger See, Genfer See). Noch zu Beginn der 70er Jahre erschienen nur wenige Hunderte, dann setzte jedoch sich jährlich verstärkender Zuzug ein. Er führte zu einer geradezu explosiven Zunahme der Überwinterer. Höchstbestände werden in der Mitte des Winters erreicht. Die Parallelität zur Zunahme im Brutgebiet ist offensichtlich und wurde durch Ringfunde niederländischer, dänischer, schwedischer und polnischer Vögel bestätigt. Hinzu kommt jedoch die gewachsene Attraktivität der großen Seen, an denen Kormorane vornehmlich überwintern. Zunehmende Eutrophierung bewirkte eine Steigerung der Bioproduktion und damit verbunden des Fischbesatzes.

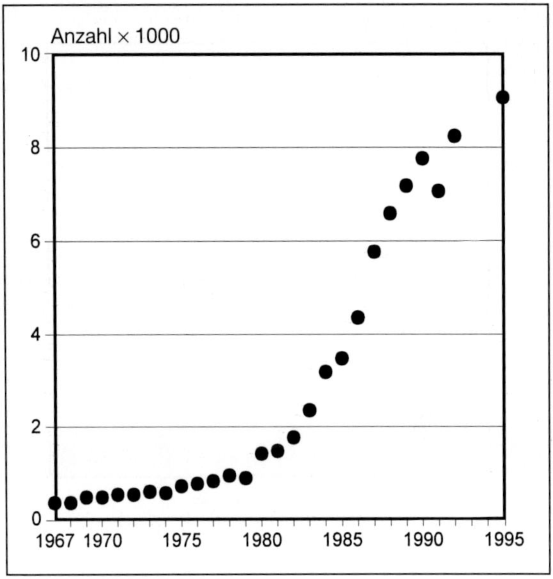

Abb. 49 Entwicklung des Mittwinterbestandes des Kormorans in der Schweiz (Kurvenverlauf geglättet), (leicht verändert nach SUTER 1995a)

Österreich

Vor allem als Folge menschlicher Nachstellung war der Kormoran zu Beginn der 70er Jahre als Brutvogel aus Österreich verschwunden. Trotz eines Wiederansiedlungsversuchs in den 80er Jahren durch das Institut für Angewandte Öko-Ethologie (OTTO KÖNIG) hat sich daran nichts geändert.

Wie in Süddeutschland und der Schweiz hat die Anzahl der Überwinterer enorm zugenommen (Abb. 50). Längs der österreichischen Donau haben die Kormorane drei Schlafplätze besetzt, an denen Ende der 90er Jahre über 1000 überwinterten (TRAUTMANNSDORF 1993). Die Kormorane verteilen sich vor allem längs der Donau, suchen jedoch auch die Nebenflüsse auf (Abb. 51).

Süddeutschland

In Deutschland sind die großen Seen im Voralpengebiet, die Donau mit Nebenflüssen und auch der Oberrhein bevorzugte Überwinterungsgebiete des Kormorans.

Hinweise auf in Bayern überwinternde Kormorane gehen bis ins 17. Jahrhundert zurück, und in den letzten Jahrzehnten des vorigen Jahrhunderts war der

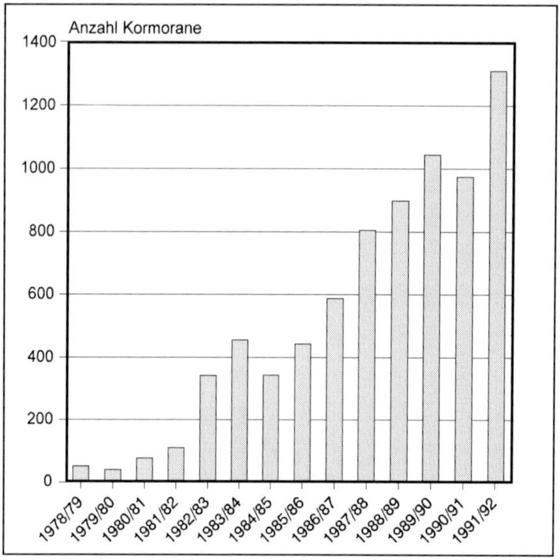

Abb. 50 Entwicklung des Winterbestandes des Kormorans in Oberösterreich nach Zählungen an den Schlafplätzen

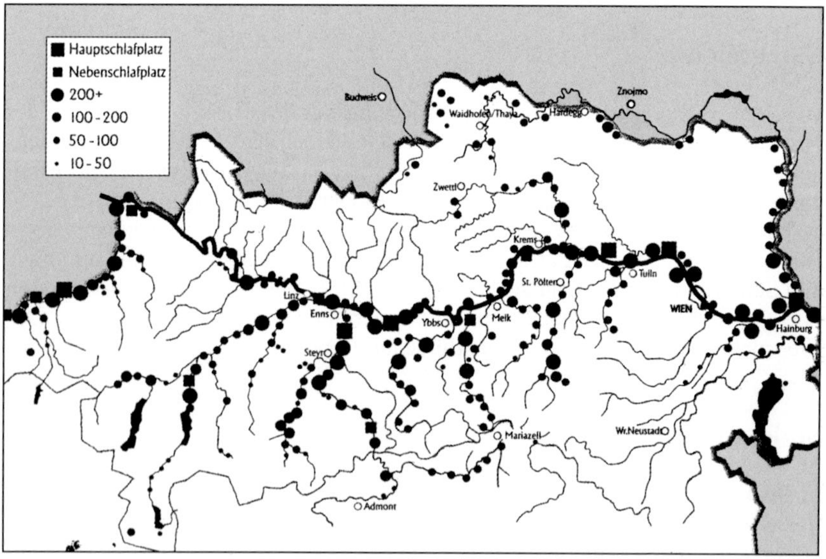

Abb. 51 Winterverbreitung des Kormorans in Österreich

Kormoran als regelmäßiger, aber seltener Durchzügler bekannt. Erst in der zweiten Hälfte dieses Jahrhunderts, schon vor dem allgemeinen Bestandsanstieg, erschien die Art zur Zugzeit und auch im Winter häufiger, wohl als Folge des guten Nahrungsangebots (Cypriniden und Barsche). Im Winter 1988/89 hielten sich zur Hauptdurchzugszeit in Bayern maximal 2800 Kormorane auf, im Winter 1994/95 knapp 8000 (Angaben nach LBV Bayern) und im November 1996 sogar etwa 9000 (Abb. 52). Sie suchen nicht nur die großen Seen auf, sondern wie in Österreich in großer Anzahl auch größere und kleinere Flüsse bis hinauf in die Oberläufe (REICHHOLF-RIEHM 1993). Sie stammen mehrheitlich aus Dänemark, Nordostdeutschland und Schweden (KELLER & VORDERMEIER 1994).

In Baden-Württemberg hat sich die Anzahl der überwinternden Kormorane in den 90er Jahren auf rund 5000 eingependelt.

7.3 Ursachen für die Bestandsveränderungen

Bestandsveränderungen in Tierpopulationen sind etwas absolut Normales. Nicht gleichbleibende Bestände sind der „Normalzustand“, sondern das Auf und Ab, das in raschem Wechsel und auch allmählich erfolgen kann.

Die Ursachen für Bestandsveränderungen lassen sich letztlich immer auf Veränderungen der Lebensbedingungen zurückführen. In der Populationsökologie spielt der Begriff der Umweltkapazität in diesem Zusammenhang eine wichtige Rolle. Er umfaßt alles, was die Art oder Population benötigt, um existieren zu können. Ändert sich die Umweltkapaziät, dann paßt sich die Art den neuen Bedingungen an: Entweder durch Wachstum bei verbesserter Umweltkapazität oder durch Schrumpfen bei sich verschlechternder. Manche Arten reagieren äußerst rasch auf Veränderungen, andere nur sehr allmählich. Die Reaktionsform ist genetisch fixiert, also im Laufe der Evolution entstanden. Erstere erhöhen bei Verbesserung der äußeren Bedingungen (besseres Nahrungsangebot oder günstige Witterungsbedingungen) unverzüglich die Vermehrungsquote. Sie sind in der Lage, die sich bietende günstige Gelegenheit rasch auszunutzen (Opportunisten). In ihrer Biologie und Physiologie sind sie auf Anpassung an wechselnde Umweltbedingungen gewissermaßen „vorbereitet“. Sie haben im Verlaufe der Evolution entsprechende Mechanismen erworben.

Zu diesen Arten, deren Reaktion auf Umweltveränderungen von den Populationsökologen als „r-Strategie“ bezeichnet wird, gehört auch der Kormoran. Die Fähigkeit, sich bietende Gelegenheiten sofort nutzen zu können, sich opportunistisch zu verhalten, ist ein Hauptgrund für seine Zunahme und rasche Wiederausbreitung innerhalb weniger Jahrzehnte. Rasche Vermehrungsfähigkeit, große

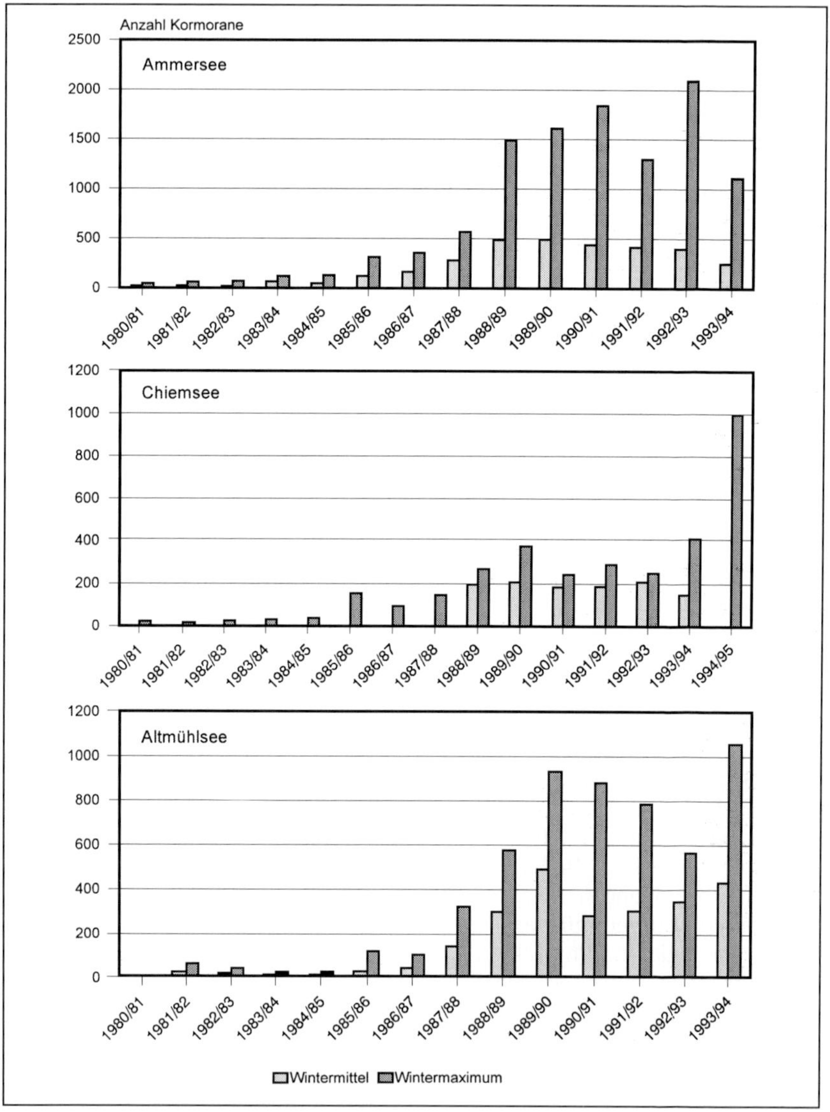

Abb. 52 Entwicklung der Rast- und Überwinterungsbestände des Kormorans an drei bayerischen Seen

Nachkommenzahl und ausgeprägte Anpassungsfähigkeit an sich wandelnde Umweltbedingungen sind Merkmale der r-Strategen.

Zum anderen Extrem gehören Arten, deren Evolution sich unter mehr oder minder gleichmäßigen Umweltverhältnissen vollzog. Sie sind in Biologie und Lebensweise darauf eingestellt. Die Reproduktionsquote ist nur wenig veränderlich. Sie haben in der Regel nur wenige Nachkommen und sind spät fortpflanzungsreif. Tierarten, die dieser Reaktionsform entsprechen, werden als K-selektioniert bezeichnet. Die beiden Extreme sind durch Übergänge und Varianten miteinander verbunden.

Der Verlauf der Zunahme des Kormorans in Europa entspricht einer bekannten Gesetzmäßigkeit des Wachstums von Tierpopulationen. Sie stieg zunächst sehr allmählich, dann aber außerordentlich rasch an und ging in die Phase des sogenannten exponentiellen Wachstums über. In diese Phase fällt das enorme Wachstum der Kormoranpopulation in den 70er und 80er Jahren. Die Populationsökologen wissen, daß auf den steilen Anstieg eine Phase gleichbleibender Bestandsentwicklung folgt. Sie ist erreicht, wenn das Wachstum an die Grenzen der Umweltkapazität stößt. Dann pendelt sich das Niveau auf gleichbleibender Höhe ein.

Der Verlauf des Anstiegs der Brutpopulation des Kormorans zeigt die für das Wachstum tierischer Populationen typischen Merkmale. Auf den sehr allmählichen sich über Jahrzehnte hinziehenden Anstieg folgte eine Phase exponentiellen Wachstums, das sich in Teilen des Verbreitungsgebietes (Niederlande, Dänemark, Deutschland/Mecklenburg-Vorpommern) nunmehr abschwächt und wahrscheinlich in eine Phase gleichbleibender Entwicklung übergeht. Die Wachstumskurve zeigt den typischen S-förmigen Verlauf.

Beim Kormoran ist das Populationswachstum zwar immer durch menschliche Eingriffe beeinflußt worden und deshalb zunächst jahrzehntelang in diesem Jahrhundert gebremst verlaufen, doch die allmähliche Zunahme, die dem exponentiellen Anstieg, der zu Beginn der 80er Jahre einsetzte, vorausging, ist an der Wachstumskurve gut erkennbar (s. Abb. 43). Zwischen 1980 und 1992, in der exponentiellen Wachstumsphase, verzehnfachte sich der Bestand, und diese Entwicklung hält noch an. Nach SUTER (1993) gehörten zur nordmitteleuropäischen Population der Festlandsrasse etwa 300 000 Individuen. Der Brutbestand lag 1992 bei 82 500 Paaren. 1995 wurde er auf 150 000 Brutpaare geschätzt. Er hatte sich innerhalb von 3 Jahren erneut verdoppelt. Damit war die Wiederbesiedlung des mitteleuropäischen Binnenlandes und des westlichen Teils der Ostseeküste weit vorangeschritten. Der Kormoran hatte große Teile seines früheren Siedlungsgebietes wieder in Besitz genommen.

Obwohl sich in der Wiederausbreitung des Kormorans Grundgesetzlichkeiten der Populationsökologie gut erkennen lassen, ist die Überformung dieser Vorgänge durch menschliche Beeinflussung außerordentlich stark. Zu den wichtigsten Faktoren, die hier zu nennen sind, gehört ganz zweifellos der Schutz, den die Art im nationalen Naturschutzrecht aller betroffenen Länder und darüber hinaus im EG-Recht (Geschützte Art, Anhang I der EG-Vogelschutzdirektive geführt) genießt. Zum Schutz gehört das Verbot jeglicher Nachstellung, sei es mit der Waffe des Jägers oder der Störung beim Brüten und damit der Beeinträchtigung des Nachwuchses. Diese Festlegung begünstigte das exponentielle Wachstum in den Niederlanden und in Dänemark und fördert es noch immer in anderen Teilen des Verbreitungsgebietes.

In der Zeit der schlimmster Verfolgung, also zu Beginn dieses Jahrhunderts, hatte der Kormoran nur in den Niederlanden Überlebenschancen, und auch dort waren sie eingeschränkt. Erst die nachlassenden Nachstellungen in den 30er und 40er Jahren dieses Jahrhunderts führten dann zu der beschriebenen zögerlichen Wiederausbreitung in den Niederlanden und im westlichen Ostseeraum. Diese Gebiete, das westeuropäische in den Niederlanden und der westliche Ostseeraum mit dem Schwerpunkt dänische Inseln, waren das Reservoir, von dem aus die Besiedlung nahezu des gesamten mitteleuropäischen Binnenlandes und schließlich Ost- und Südosteuropas erfolgte.

Gegenwärtig befinden sich die Zentren der Brutverbreitung in Dänemark, Deutschland, Polen und Schweden (westlicher Ostseebereich) und in den Niederlanden. Diese Region beherbergt knapp 90 % der Gesamtbrutpopulation West- und Mitteleuropas. In den genannten 5 Ländern brüteten 1995 rund 95 000 Brutpaare, davon allein 40 % in Dänemark.

Der Höhepunkt der Entwicklung und damit der Übergang aus der exponentiellen in die Phase gleichbleibenden Wachstums ist in den Niederlanden und in Dänemark bereits erreicht. Seit 1992 sind die Bestandszahlen in diesen Ländern gleichbleibend und sogar leicht rückläufig. Allerdings ist es nicht angängig, die Erklärung dafür allein in Gesetzmäßigkeiten popularen Wachstums zu suchen, weil inzwischen sowohl in den Brutgebieten wie in den Überwinterungsgebieten massiv in die Population durch Verhinderung von Kolonieneugründungen und Abschuß eingegriffen wird. Es läßt sich nicht beurteilen, ob der Rückgang Ausdruck einer natürlichen Entwicklung oder Folge dieser Eingriffe ist. Die Ausbreitung und Zunahme in anderen Teilen Europas schreitet weiter voran. In Deutschland, besonders im östlichen Teil, gibt es ebenfalls noch immer Neuansiedlungen. Noch schneller vollzieht sich die Ausbreitung im östlichen Ostseeraum (Baltikum und in Osteuropa Ukraine, Rumänien, Bulgarien, Griechenland). Die Entwicklung verläuft also keineswegs einheitlich.

Der Zusammenhang zwischen Schutz und Bestandsentwicklung ist eindeutig. In Dänemark gab es bis 1931 keinerlei Schutz. Erst 1931 wurde eine Schonzeit für die Hauptbrutzeit zwischen dem 01. 05. und dem 31. 07 eingeführt, womit ein teilweiser Schutz in der Brutzeit erreicht war. Wenige Jahre nach Beginn des Teilschutzes (1938) kam es zur ersten Ansiedlung und nachfolgend zu weiteren Ansiedlungsversuchen, doch der Bestand blieb zunächst klein. 1977 wurde der Schutz auf die Zeit zwischen dem 01. März und dem 31. Juli ausgeweitet, wodurch praktisch während der gesamten Brutzeit Jagdverbot bestand. Im folgenden Jahr (1979) wurde er bis zum 01. 10 ausgedehnt, und 1980 wurde der Kormoran entsprechend EG-Recht ganzjährig unter Schutz gestellt. Erst nachdem ihm nicht mehr mit der Waffe nachgestellt werden durfte, ging es steil aufwärts. Der Zusammenhang zwischen jagdlicher Verschonung und Bestandsentwicklung ist unbezweifelbar. Das dänische Naturschutzrecht bewahrt den Kormoran nur vor Nachstellung mit der Waffe. Störungen anderer Art, bis hin zum Fällen von Bäumen, wenn sie zur forstlichen Routine gehören, sind nicht grundsätzlich verboten.

Zu prüfen ist auch die Bedeutung der Faktoren, die sich in der Umwelt der Kormorane verändert haben. Die offenkundig stärksten Veränderungen betreffen das Nahrungsangebot. Entsprechende Untersuchungen liegen aus den Niederlanden, Dänemark und aus Schleswig-Holstein vor. Die Voraussetzungen für die Expansion verbesserten sich mit der Massenvermehrung des Stintes im IJsselmeer, die in den 60er Jahren erfolgte. In zuvor nicht gekannter Menge waren leicht erbeutbare Fische vorhanden für die sich die Fischer nur wenig interessierten, die jedoch trotz ihrer geringen Größe geeignet waren, den Appetit der Kormorane zu stillen.

Ein weiterer Grund für den raschen Bestandsanstieg ist die Neigung der Kormorane, sich weiträumig zu verteilen und neue Kolonien zu begründen. Der Austausch zwischen den Kolonien ist beträchtlich. Das bewirkt, daß menschliche Eingriffe in eine Kolonie, bspw. im Sinne einer Reduktion, den Anstieg an anderer Stelle bewirken können.

Koloniewachstum ist nicht ausschließlich auf Zuwachs durch Tiere begründet, die in der betreffenden Kolonie geboren sind. Allerdings ist ein nicht unbeträchtlicher Teil von Jungvögeln ortstreu, das heißt brütet später in der Kolonie, in der sie aufgewachsen sind. Wenn die Brut- und Ernährungsbedingungen in einer prosperierenden Kolonie günstig sind, dann gibt es außerdem Zuzug von anderswo. Dieser doppelte Zuwachs, brutreif gewordene vor Ort geborene Jungvögel und Zuzug bedingen das explosive Wachstum vieler Kolonien. Den stärksten Zuzug gibt es in der Gründungsphase einer Kolonie.

7.4 Bestand und Bestandsentwicklung des atlantischen Kormorans (*Phalacrocorax carbo carbo*)

Die atlantische Unterart unterscheidet sich von der binnenländisch-europäischen nicht nur durch die wenig auffälligen äußeren Merkmale, die eingangs genannt wurden, es gibt auch Unterschiede im Verhalten. Die Angehörigen der atlantischen Unterart sind Felsbrüter, die Klippen und Steilhänge an den Küsten Norwegens, des nördlichen Frankreichs, Englands und Schottlands besiedeln, bis hin nach Grönland und zum nordöstlichen Nordamerika. Brutplätze befinden sich jedoch auch auf felsigen Inseln, die der Küste vorgelagert sind. In Irland gibt es auch Baumbrüter.

Diese Unterart war in der Vergangenheit ebenfalls starker Verfolgung ausgesetzt. In Norwegen war es bis in die Mitte dieses Jahrhunderts üblich, junge Kormorane und Eier zu Speisezwecken zu nutzen. Die „Nahrungskonkurrenz" rief auch die Fischereiwirtschaft und Anglerverbände auf den Plan.

Kontrollmaßnahmen wurden besonders in Norwegen gefordert, obwohl über den Einfluß dieses vornehmlich im Meer fischenden Kormorans auf Fischpopulationen viel weniger bekannt ist als über die binnenländische Unterart. Gegenwärtig verteilen sich etwa 40 000 Paare dieser Unterart an den Küsten des westlichen Atlantik, das sind 83 % des Weltbestandes. Der überwiegende Teil brütet in Kolonien, die sich längs der norwegischen Küste nordwärts bis hin zur russischen Grenze verteilen Rov 1993, (Rov & Strann 1987). In den Kolonien brüten in der Regel 10 bis 500 Paare, doch sind auch einige wesentlich größere mit maximal 1400 Brutpaaren bekannt (Debout et al. 1995). Andere koloniebrütende Seevögel (Silbermöwe, Mantelmöwe, Heringsmöwe) siedeln sich zwar in der Nähe von Kormorankolonien an, meiden jedoch die direkte Vermischung.

Gefahren von natürlichen Feinden drohen den klippen- und felsbrütenden Kormoranen kaum. Auf Inseln brütende haben durch Nachstellungen von Ratten oder durch den Mink zu leiden (in britischen Kolonien). Die Mehrzahl der Kolonien befindet sich in Schutzgebieten, deshalb ist auch Schutz gegen menschliche Verfolgung gegeben.

Die Bestandsentwicklung vollzog und vollzieht sich in den verschiedenen Gebieten unterschiedlich. In Norwegen gab es Zuwachs bis in die Mitte der 80er Jahre. Nach einem kurzzeitigen Einbruch (1986/87) stieg die Anzahl Brutpaare dort auf 24 000, 1995 waren es 27 000. In Norwegen brüten etwa zwei Drittel des Gesamtbestandes dieser Unterart. Rückläufig ist die Bestandsentwicklung in Schottland, zunehmend jedoch in Wales, Irland und England.

Insgesamt nimmt der Bestand der atlantischen Unterart zu. Wahrscheinlich ist er gegenwärtig größer als je zuvor.

Ursachen für die Bestandsveränderungen

Obwohl es an genauen Untersuchungen mangelt, besteht kein Zweifel daran, daß auch bei dieser Unterart die Verfügbarkeit von Nahrung wichtigster Grund für die unterschiedliche Entwicklung der Kolonien und für Veränderungen war und ist. Der Einbruch in Norwegen Mitte der 80er Jahre war eine Folge seewärts gerichteter Wanderungen der Hauptbeutefische, die erfolgte, weil die Temperaturen im Küstenbereich stark absanken. Die Fische wanderten in tieferes Wasser und waren für die Kormorane schwerer oder gar nicht erreichbar. Als die Wintertemperaturen in den folgenden Jahren stiegen, kehrten die Fische (*Gadidae*) zurück, und das schlug sich sofort im erneuten Anstieg der Brutpaare nieder.

Zu diesen natürlichen Ursachen kommen solche, die sich aus dem Konflikt Fischerei und Kormoran ergeben. Die Kormorane konzentrieren sich im Winter in Aufzuchtteichen für Lachse, sind dort allerdings hoher Mortalität ausgesetzt. Sie werden illegal abgeschossen und fangen sich in Netzen.

Ansonsten ist auch diese Unterart wie die binnenländische in allen Ländern, in denen sie vorkommt, geschützt. Der Lizenzabschuß zum Schutz von fischereilichen Anlagen ist zwar erlaubt, doch die Abschüsse wirken sich nicht erkennbar nachteilig auf das Populationswachstum aus. Die einzige Region in der es eine erkennbare Abnahme gibt, ist Schottland. Die Ursachen sind nicht hinreichend bekannt. Wahrscheinlich sind die Nachstellungen größer als offiziell bekannt, denn gerade in Schottland haben sich die atlantischen Kormorane auf Nahrungssuche in Fischfarmen spezialisiert (LLOYD et al. 1991).

8 Kormorane und Fischwirtschaft

8.1 Das Problem

Für Fischer sind Kormorane immer Schädlinge gewesen, die ihre Erwerbsgrundlage, die Fischernte, schmälerten. Genauso wie für den Jäger, der mit ansehen mußte, wie der Wolf Rehe und Junghirsch riß oder der Bauer, der sich zu wehren sucht, wenn Fuchs, Iltis oder Marder in seinen Hühnerstall eindringen, sieht der Fischer in Kormoranen sein Erwerbsleben beeinträchtigende Diebe. Er muß mit ansehen, wie sich die „Seeraben“ auf die Reusenpfähle setzen, die er selbst aufgestellt hat, von dort abfliegen und nach erfolgreicher Unterwasserjagd die noch im Schnabel zappelnden Fische verschlingen. Es fällt nicht schwer, die Gefühle eines Fischers in dieser Situation zu verstehen. Da scheint jedes Mittel recht, um sich der Eindringlinge zu erwehren, zumal noch andere ungebetene Gäste sich von Fischen ernähren.

Das ist heute kaum anders als vor einem Jahrhundert. Der vom Kormoran gefressene Fisch ist Teil des erwarteten Fischertrages, wird von diesem abgezogen, schmälert die Existenzgrundlage des Fischers. Das mag hingehen, solange nur wenige Kormorane den See oder den Karpfenteich besuchen, wird jedoch unerträglich, wenn es Hunderte, vielleicht sogar Tausende sind, die sich über Tage und Wochen am Gewässer aufhalten und zu ständigen unerwünschten und ungebeteten Tischgästen werden.

Das ist der Hintergrund für den erbitterten Kampf den viele Fischer dem Kormoran und im Einklang mit diesen Hunderttausende Angler angesagt haben. Da steht bei allem Verständnis für Natur- und Artenschutz und für Überlegungen zur Stellung des Kormorans in limnischen Ökosystemen das persönliche Interesse obenan. Was zählt, ist der Umfang des möglicherweise angerichteten Schadens. Die Fischerei ist sich einig in der Forderung, den Kormoran als lästigen Konkurrenten auszuschalten.

Seit dem Anstieg des Kormoranbestandes klagen die Fischer über Schäden an den Fischbeständen und dadurch beeinträchtigte Erträge. Die dazu in der fischereiwirtschaftlichen Fachpresse und in populären Zeitschriften und in anderen Medien erschienenen Beiträge sind zahllos (z. B. KOHL 1996, PETERSEN 1994, SCHARF 1990, WISSMANN & LIMBURG 1987). Die Fischmenge, die Hunderttausende Kormorane verspeisen, ist sicher nicht gering. Sie erscheint den Fischern unangemessen hoch. Ein kaum noch übersehbares Schrifttum über die Lebens- und Ernährungsweise des Kormorans und den Umfang und Art der von ihm angerichteten

Schäden ist entstanden. Viele Fischer sehen ihre Existenzgrundlage gefährdet und fordern die Reduktion des Kormorans oder doch zumindest Schadensausgleich. Sie fühlen sich von den Behörden im Stich gelassen, weil es sich bei den Opponenten um naturgeschützte Tiere handelt, gegen die sie sich nicht in der angemessen scheinenden Form, nämlich der Vertreibung durch Abschuß oder Vernichtung der Brutkolonien, wehren können.

Dabei bleibt unberücksichtigt, daß sich auch die Arbeitsmethoden der Fischer in der zweiten Hälfte dieses Jahrhunderts im Vergleich zu früher grundlegend gewandelt haben, daß aus den wenigen Anglern, die früher ihrem Hobby nachgingen ein Heer geworden ist, das See- und Flußufer bevölkert. Bis in die ersten Jahrzehnte dieses Jahrhunderts hinein war es für die Mehrzahl der Fischer ungleich schwerer als heute, die bloße Existenz zu behaupten. Alle Arbeit mußte früher mit der Hand getan werden, beginnend beim Rudern der Boote, dem Auslegen oder Stellen der Netze und Reusen, der Pflege der Netze, dem Einholen des Fanges. Zumeist wurde im Familienbetrieb gewirtschaftet, unabhängig davon, ob das zu befischende Gewässer im Besitz oder nur gepachtet war. Der Aktionsradius war ohne die heutzutage unverzichtbare und selbstverständlich gewordene Motorkraft begrenzt. Die Fänge waren ungleich geringer als heute. Soweit auf natürlichen Gewässern gefischt wurde, glichen sich Fang und Nachwuchs aus. Das Nachhaltigkeitsprinzip, das heißt ein ungefähres Gleichgewicht zwischen Entnahme und natürlichem Nachwuchs, ergab sich zwanglos aus den Pacht- und Besitzverhältnissen. Damals kam es vielleicht tatsächlich auf jeden Fisch an. Zu verdenken war es den Fischern also keineswegs, wenn sie rigoros gegen die ungebetenen Gäste vorgingen, zumal es niemanden gab, der für die Verluste aufkam.

Das hat sich jedoch gewandelt. Die Technik hat in alle Zweige der Fischerei Einzug gehalten. Nicht nur Karpfen werden in Form von Aquakulturen produziert, auch in den ökologischen Zustand der natürlichen Gewässer wird den Bedürfnissen der Fischer entsprechend eingegriffen. Fischbrut von erwünschten Arten wird künstlich gezüchtet und neue Arten werden ausgesetzt. Mittels Elektrofischerei und anderer neuer Fangtechniken ist es möglich, die Fangerträge zu variieren. Die Situation der Fischwirtschaft ist also völlig anders als vor der Vertreibung des Kormorans aus Europa. Das sollte in der Diskussion um den Kormoran nicht ignoriert werden.

Hinzu kommt, daß Stauanlagen, künstliche Wehre, Flußbegradigungen und Eingriffe anderer Art die Struktur der Gewässer und den Wasserhaushalt beträchtlich verändert haben.

Trotz der massiven Klagen der Fischer, die in zunehmend aggressiveren Formen bis hin zu Demonstrationen (bspw. vor dem Europarat in Straßburg) auch der Öffentlichkeit vermittelt werden, beharren die Naturschutzverbände und teilweise auch Naturschutzbehörden auf dem Schutzstatus für den Kormoran und weisen die Schadensforderungen der Fischer zurück, zweifeln sie als nicht ausreichend begründet an, bestreiten die Schädlichkeit des Kormorans.

Die Naturschützer, die Eingriffe in die Kormoranpopulationen strikt ablehnen, beharren nachdrücklich auf dem gegenwärtigen gesetzlichen Zustand, verweisen auf die Vergangenheit, in der der Kormoran nach schlimmer Verfolgung aus Europa vertrieben wurde und halten Gegenrechnungen gegen die Rechnungen der Fischer. Dabei wird ignoriert, daß das mit dem strengen Schutz angestrebte Ziel, die Wiederausbreitung der Art in Mittel- und Westeuropa, längst erreicht ist.

In Deutschland ist ein regelrechter „Kormorankrieg" entstanden. Die faktische Ursache für die Auseinandersetzungen zwischen Fischern, Naturschützern und Behörden, nämlich der drastische Anstieg des Kormoranbestandes, bestreitet niemand. Es gibt in Mittel- und Westeuropa gegenwärtig mehr Kormorane als je zuvor.

Ganz unbezweifelbar fügt sich der Kormoran für die Fischer in die Belastungen ein, denen ihr Beruf ausgesetzt ist. Doch das darf nicht dazu führen, daß sich dem Außenstehenden gelegentlich der Verdacht aufdrängt, daß dem ungeliebten Konkurrenten mehr Schädlichkeit nachgesagt wird als kritischer Nachprüfung standhält. Deshalb ist eine Versachlichung der Diskussion und Rückführung auf nachprüfbare Sachverhalte unverzichtbar. Eine wichtige Voraussetzung dafür ist die strikte Vermeidung von pauschalisierenden Feststellungen. Je nach Gewässerart und der in dieser vorhandenen Fischfauna, dem Zeitpunkt, der Dauer und Häufigkeit des Auftretens von Kormoranen, sind die Folgen verschieden. Eine differenzierte Betrachtung ist deshalb unerläßlich.

Aus der bloßen Anwesenheit des Kormorans und der Ernährung von Fischen kann nicht zwangsläufig auf die Schädigung von Fischbeständen geschlossen werden. Schäden entstehen nur dort und erst dann, wenn Kormorane langdauernd in großer Anzahl erscheinen oder sich auf bestimmte wirtschaftlich bedeutsame Fischarten spezialisieren. Der Nachweis von Schäden, also der eindeutig dem Kormoran zuzuordnende Rückgang von Fangerträgen, ist nicht immer leicht zu erbringen. Aus der Anwesenheit einer bestimmten Anzahl von Kormoranen für einen bestimmte Zeit läßt sich zwar schätzen, wieviel Fisch diese gefressen haben, wenn bekannt ist, wie lange wie viele anwesend waren. Die Folgen, die sich daraus für den Fischbesatz ergeben, lassen sich allein aus solchen Zahlen jedoch nicht beurteilen. Schäden sind allerdings unausbleiblich, wenn sich Kormorane in unmittelbarer Nähe oder sogar innerhalb von Fischereibetrieben als Brutvögel ansiedeln oder in großer Anzahl während des Zuges für längere Zeit anwesend sind.

Lösungen, die sowohl die Interessen der Fischer wie des Natur- und Artenschutzes berücksichtigen, erfordern ein Mindestmaß an fachlich gesicherten Kenntnissen über die Häufigkeit, Verbreitung und Nahrungsökologie des Kormorans. Deshalb gehört die Klärung und Analyse der Ursachen für den explosiven Populationsanstieg an den Anfang der Suche nach Lösungen für den Konflikt. In dieser Hinsicht hat man sich lange Zeit schwer getan, und auch heute wird vielfach lokal aus begrenztem oder fehlendem Wissen heraus entschieden und gehandelt.

8.2 Kormorane und Teichwirtschaften

Karpfenteiche sind für Kormorane von besonderer Attraktivität, weil in ihnen die begehrte Nahrung reichlich und leicht erlangbar vorhanden ist. Deshalb sind Teichwirtschaften in Deutschland wie in den Nachbarländern besondere Anziehungs- und Konzentrationspunkte. Sie siedeln sich in von Teichanlagen an, wenn Horstmöglichkeiten vorhanden sind (Abb. 53, 54).

Beispiele dafür sind Brutkolonien in den Lewitz-Fischteichen (Mecklenburg-Vorpommern), in den Peitzer Teichen (Brandenburg) und den Karpfenteichen bei Lelystad (IJsselmeer, Niederlande).

In Deutschland sind besonders die Teichwirtschaften in der Oberlausitz/Sachsen, Teichanlagen in der Niederlausitz/Land Brandenburg, im Nordwesten des

Abb. 53 Teilansicht der Teichwirtschaft Peitz (Land Brandenburg) – Im Zentrum des Bildes die Brutkolonie der Graureiher und Kormorane

Landes Mecklenburg-Vorpommern (Lewitz-Teichgebiet), in Schleswig-Holstein und in Bayern/Franken betroffen. Gut besucht sind auch die Fischteiche im Süden Tschechiens (JANDA & MUSIL 1991), in Slowenien, in Ungarn, in den Niederlanden (Lelystad), in Polen (Niederschlesien) und in Südfrankreich (Camargue).

An den Peitzer Teichen (Land Brandenburg) finden sich im Spätsommer gelegentlich bis zu 800 Kormorane ein (Abb. 54). Das bedeutet bei einem Bedarf von 400 g Fisch pro Tag eine Entnahme von 320 kg Karpfen. Das ist ein erheblicher wirtschaftlicher Verlust, obwohl es sich nur um wenige Prozent der in 800 ha Teichfläche vorhandenen Gesamtfischmenge handelt. Hinzu kommen die Schäden durch verletzte und dadurch nicht vermarktbare Fische und eine Verringerung des Zuwachses, veranlaßt durch die Störungen, denen die Fische ausgesetzt sind. Die verschiedenen Produktionsstufen sind unterschiedlich beeinträchtigt. Besonders gefährdet sind Satzfische.

In der Karpfenteichwirtschaft in Lelystad (Niederlande Nähe IJsselmeer), die von Kormoranen aus einer 10 Kilometer entfernten Kolonie beflogen wird, ist der Schaden recht genau beziffert. In der Zeit zwischen 1980 und 1983 gab es in den Teichanlagen bei ein- und zweijährigen Karpfen Verluste zwischen 23 % und 97 %. Den dort fischenden Kormoranen konnten 20 %–67 % dieser Verluste angelastet werden. Immerhin waren in diesem Gebiet zwischen 500 und 30 000

Abb. 54 Teilansicht der Brutkolonie des Kormorans auf einer Insel in der Teichwirtschaft Peitz (Brandenburg)

Abb. 55 Rastende Kormorane auf Bäumen in unmittelbarer Nähe der Lewitz-Fischteiche (Mecklenburg-Vorpommern) – Von der Sitzwarte erfolgt der Anflug zum Fischen in den Teichen

Kormorane täglich anwesend. Trotz Abwehrmaßnahmen mußte der Betrieb der Karpfenfarm aufgegeben werden. Für die Fischteiche in der Camargue wurden die Verluste bei einjährigen Karpfen mit 24 % beziffert. Dort wurde die Produktionsfläche der Fischteiche verkleinert, weil die von Oktober bis März anwesenden Kormorane die Fischbestände zu stark dezimierten.

Teichwirte berechnen den Schaden nach der Menge verzehrten Fisches. Zur Reduzierung des Ertrages kommen die von Kormoranen verletzten Fische (Abb. 56). Oberflächliche Wunden können sekundär Erkrankungen hervorrufen kann. Fische mit Narben sind schwer oder gar nicht zu vermarkten. Außerdem werden die Fische durch die Angriffe der Kormorane beunruhigt, was Streß erzeugt und halten sie von Futterstellen fernhält. Das verschlechtert die Gewichtszunahme. Diese Art von Schäden sind schwer zu quantifizieren.

Teichanlagen, in denen Speisefische für die menschliche Ernährung produziert werden, sind als Aquakulturen Produktionsbetrieben gleichzusetzen. Jede Entnahme des vom Produzenten angestrebten Produkts (bspw. Karpfen oder Forellen) senkt den betriebswirtschaftlichen Ertrag und muß deshalb vom Betrieb auf der Schadensseite gebucht werden. Die Höhe des Schadens hängt von Faktoren ab, die sich in jedem Einzelfall anders kombinieren. Zunächst ist er in Teichanlagen wie überall von der Intensität der Einwirkung abhängig, das heißt von der

Abb. 56 Durch Kormorane verletzte Karpfen

Anzahl Kormorane pro Flächeneinheit und der Dauer ihrer Anwesenheit. Weitere Faktoren sind Besatzdichte und Alter der Fische. Vielfach werden nicht alle diese Faktoren bei Schadensberechnungen berücksichtigt. Genau genommen sind Aussagen über den Einfluß des Kormorans auf den Ertrag nur möglich, wenn die im Gewässer vorhandene Fischbiomasse bekannt ist und die jährlich wechselnden Mortalitätsraten der Fische bestimmt werden. Gerade Karpfen leiden an Krankheiten verschiedenster Art, die sich jährlich unterschiedlich auf den Ertrag auswirken.

8.3 Kormorane und natürliche Binnengewässer

Binnengewässer sind Ökosysteme mit komplizierten Stoff- und Energiekreisläufen. Diese sind besser erforscht als viele terrestrische. Deshalb sind auch zuverlässige Prognosen über die Folgen von Einwirkungen möglich, ganz gleich, ob sich diese natürlicherweise erfolgen oder vom Menschen herbeigeführt werden.

Gewässerökosysteme werden als Ganzes und auch die Funktion ihrer Teile wird immer besser verständlich. Das gilt auch für Komponenten wie den Kormoran. Seine verstärkte Präsenz beeinflußt das Ökosystem als Ganzes, ist nicht nur bloße Fischentnahme. Die Rolle des Kormorans kann nur richtig verstanden werden, wenn sie im Zusammenwirken mit anderen mittelbar und unmittelbar beeinflußten Komponenten des Gesamtsystems betrachtet wird. Die gegenwärtige Betrachtungsweise, die das Kormoranproblem auf bloßes Nutzen-Schaden-Denken reduziert, ist zu einseitig. Um den Zusammenhang und insbesondere die Folgen, die sich für andere Komponenten des Ökosystems aus der verstärkten Anwesenheit von Kormoranen ergeben zu verstehen, sind einige Bemerkungen über die Ökologie von Seen unerläßlich.

Kormorane und natürliche Seen

Seit ihrer Entstehung in der letzten Eiszeit entwickeln sich die Seen in Mitteleuropa von reinen Klarwasserseen in mehr oder minder mit Nährstoffen belastete, viele ehemalige Flachseen sind längst verlandet. Dieser Vorgang, die allmähliche Anreicherung mit Nährstoffen und daraus resultierend stärkerer Biomasseproduktion mit nachfolgender Schlammbildung, ist ein Prozeß, der unterschiedlich weit fortgeschritten ist. Viele Gewässer des norddeutschen Flachlandes sind stärker belastet als die Gewässern des Voralpengebietes. Insgesamt läßt sich diese Entwicklung nicht aufhalten, denn sie ist Teil eines sich natürlicherweise vollziehenden Vorgangs. Langzeitlich befinden sich Seen, genauso wie andere Ökosysteme nicht in einem „ökologischen Gleichgewicht“, sondern ändern ihren Zustand, auch wenn das in der kurzen Zeitspanne eines menschlichen Lebens oft nicht erkennbar wird.

Die Nährstoffanreicherung hat sich in den letzten Jahrzehnten enorm beschleunigt. Über Zuflüsse, das Grundwasser und durch die Luft werden den Seen Nährstoffe zugeführt, die die Biomasseproduktion ankurbeln. Hauptquelle sind stickstoff- und phosphathaltige Düngemittel, die – in der Landwirtschaft im Überschuß verabfolgt – über das Grundwasser oder die Vorflut ins Wasser gelangen. Die daraus folgende fortschreitende Eutrophierung ist für den Bodensee und die Voralpenseen genauso belegt wie für norddeutsche Binnenseen, und auch Seen in Skandinavien sind davon betroffen.

Vor unseren Augen haben sich innerhalb weniger Jahrzehnte Klarwasserseen als Folge menschlichen Wirkens unbeabsichtigt in stark verschmutzte gewandelt. Zusätzlich greift der Mensch direkt in die Ökologie der Gewässer ein, indem er durch Zusatz von Jungfischen, neuen Arten und intensive Befischung Fischbestände seinen Bedürfnissen entsprechend reguliert und unter Umständen sogar durch Düngung auf die Biomasseproduktion Einfluß nimmt.

Wieviel Biomasse einem limnischen Ökosystem entnommen werden darf, ohne es zu gefährden oder zu schädigen, ist ein Schlüsselproblem der angewandten Ökologie. Das gilt für Waldökosysteme und agrarische Ökosysteme gleichermaßen. Jeder Fisch, den ein Fischer, Angler oder auch ein Kormoran entnimmt, ist ein Teil der Biomasse, die in dem betreffenden Gewässer produziert wird. Das Problem ist nicht die Entnahme als solche, sondern die Frage, ab wann diese den Zuwachs beeinträchtigt. Entnahme und Zuwachs müssen ausgeglichen sein. Dieses Prinzip, die nachhaltig Nutzung, wird allzu oft verletzt.

Die steigende Nährstoffbelastung, die sich ungewollt durch menschliche Aktivität vollzogen hat, veränderte den ökologischen Zustand der natürlichen Seen. Gewinner sind die Primärproduzenten, neben anderen Wasserpflanzen insbesondere die Grünalgen und andere Bestandteile des sogenannten Phytoplanktons. Verlierer sind die Gegenspieler des Phytoplanktons, das Zooplankton, insbesondere Wasserflöhe und andere Kleinkrebse, die Grünalgen aus dem Wasser filtrieren. Sie sind wichtige Träger der Selbstreinigungskraft der Gewässer. Vom Zooplankton leben jedoch viele andere Wassertiere, nicht zuletzt auch kleine Weißfischarten.

Veränderungen im Phyto- und Zooplankton eines Gewässers bewirken zwangsläufig Verschiebungen im Artenspektrum und in der Häufigkeit der Fischarten. Genereller Trend ist die Zunahme instabiler Fischpopulationen mit Dominanz kleiner, kurzlebiger sich frühzeitig vermehrender Arten wie Barsch (*Percidae*), Kaulbarsch (*Gymnocephalus cernus*), und Cypriniden wie Rotfeder (*Scardinius erythrophthalmus*) und Blei (*Abramis brama*). Im Detail gibt es Unterschiede, abhängig von der jeweiligen Situation.

In den letzten Jahrzehnten nahmen in vielen Binnengewässern (Seen, stagnierende oder langsam fließende Altwässer von Flüssen) Arten wie Barsch (*Percidae*), Kaulbarsch (*Gymnocephalus cernus*), Stint (*Osmerus eperlanus*) und/oder Cypriniden wie Plötze (*Rutilus rutilus*), Rotfeder (*Scardinius erythrophthalmus*) und Blei (*Abramis brama*) enorm zu. In vielen Gewässern bilden sie große Schwärme. Einige Arten, obwohl in der Nahrung wenig wählerisch, ernähren sich nicht nur vegetarisch, sondern besonders vom Zooplankton, also von den Gegenspielern des Phytoplanktons, das die Selbstreinigungskraft von Binnengewässern mindert.

Hier kommt nun auch der Kormoran ins Spiel. Die Zunahme der kleinen Weißfischarten hat seine Ernährungsbedingungen erheblich verbessert. Sie nehmen im Spektrum der von ihm verzehrten Fischarten einen großen Anteil ein. Selbst die Strategie seines Nahrungserwerbs hat sich gewandelt. Das gemeinsame Fischen wird erst praktiziert seit sich das Beutespektrum zugunsten der kleinen Weißfischarten verschoben hat.

Kormorane vertilgen also in erheblichem Umfange jene Fischarten, die aus ökologischer Sicht überproportional zugenommen haben und fischereilich nicht oder nur wenig verwertet werden. An vielen Süßwasserseen stellen sie den Hauptteil der Nahrung des Kormorans.

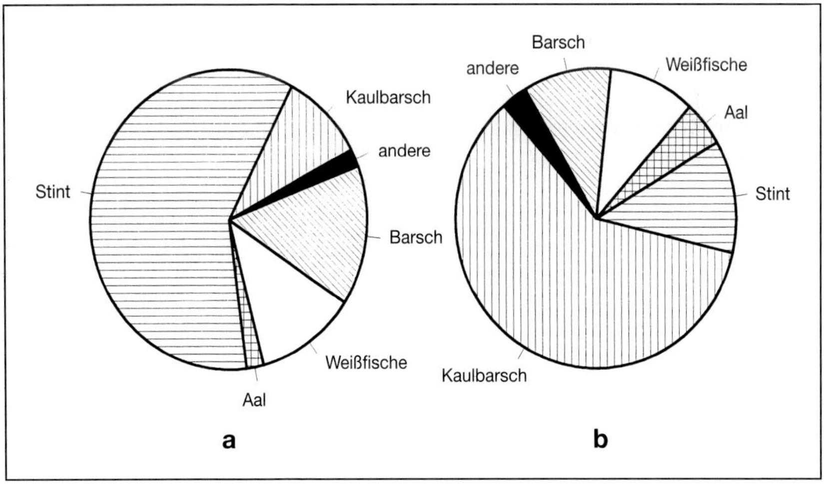

Abb. 57 Nahrungsspektrum des Kormorans im Großen Plöner See (nach KNIEF [1994])

Am Großen Plöner See in Schleswig-Holstein dominiert seit Beginn der 90er Jahre der Kaulbarsch (*Gymnocephalus cernus*) (Abb. 57 b), wenige Jahre zuvor war es der Stint (*Osmerus eperlanus*) (Abb. 57 a), beides ausgesprochene Zooplanktonfresser. Durch die Entnahme dieser Fische begünstigt der Kormoran das Zooplankton und schöpft außerdem Biomasse ab. Natürlich entnimmt er außerdem hochwertige Speisefische, doch es besteht kein Zweifel daran, daß das Beutespektrum zugunsten der fischereilich schlecht oder gar nicht verwertbaren kleinen Weißfischarten verschoben ist.

Die Zunahme von Weißfischarten ist selbst für große Gewässer wie den Bodensee und den Genfer See gut belegt. Plötze, Blei und Güster haben auch in vielen polnischen Seen erheblich zugenommen. In niederländischen Gewässern wurde der Blei zu den dominierenden Fischarten, als die Unterwasservegetation als Folge zunehmender Eutrophierung in den 60er Jahren verschwand (De Nie 1995). Diese und andere Veränderungen zugunsten der genannten Arten gingen einher mit einer enormen Zunahme der Biomasse. In den Niederlanden wurden bis zu 1000 kg/ha Blei, Karpfen und Rotfeder in hypertrophen Gewässern festgestellt.

Dieser Sachverhalt darf bei Überlegungen zur Schadensproblematik an Binnengewässern nicht außer acht gelassen werden. Die Aktivität der Kormorane ist in solchen Fällen nicht nur mit Blick auf den Gewässerzustand ökologisch günstig zu beurteilen, sie liegt auch im Interesse der Fischer, denn die Funktionstüchtigkeit des ökologischen Systems ist die Grundlage für deren Existenz.

Plötze, Blei und Güster und andere „Beifischarten“ haben an Bedeutung für die menschliche Ernährung verloren, selbst gut verarbeitbare Speisefische wie Barsch und Rotfeder werden nur wenig gekauft. In den modernen städtischen Haushalten mit ihren blitzsauberen Küchen ist für das Schuppen von Fischen kein Platz mehr. Der Griff nach dem koch- oder bratfertig entgräteten Fischfilet in die Tiefkühltruhe des Supermarktes ist an die Stelle des mühevollen Schuppens und Entgrätens getreten. In der binnenländischen Seenfischerei sind Aal, Hecht, und Zander die wichtigsten Fischarten. Der Bedarf an diesen hochwertigen Speisefischen ist jedoch nicht nur der Nachfrage wegen gestiegen, die Fangerträge gerade dieser Arten sind seit Jahrzehnten rückläufig.

Die Verbesserung der Selbstreinigungskraft eines Sees durch Kormoraneinwirkung zeigte sich in Südwestengland an zwei Seen, die sich ökologisch durch die Zu- bzw. Abflußbedingungen unterscheiden. Ein See ist abflußlos. In diesem Seen reduzierten die Kormorane die zooplanktonfressenden Fische, der See wurde klarer, weil keine Weißfische nachwandern konnten. Der andere ist mit einem kleinen Fluß verbunden, so daß die planktonfressenden Fische immer wieder nachwandern können. Dieser See änderte seinen vergleichsweise schlechten ökologischen Zustand nicht (Leah et al. 1980, Lampert & Sommer 1993).

Hinweise für die Verbesserung der Selbstreinigungskraft von Gewässer, in denen Kormorane extrem stark fischen, gibt es auch aus den Niederlanden und aus Dänemark. In den Niederlanden sind große Anstrengungen unternommen worden, um den ökologischen Zustand eutrophierter Gewässer durch Zurückdrängung des Anteils zooplanktivorer Fische zu verbessern. Projekte dieser Art laufen auch in anderen Ländern. Sie laufen unter dem Begriff der Biomanipulation von Gewässern.

Wie einseitig es ist, die Fischentnahme durch Kormorane ausschließlich unter dem Gesichtspunkt von Schaden und Nutzen zu beurteilen, zeigen Untersuchungen an den großen Schweizer Seen, in denen Weißfische und Barsch reichlich vorhanden sind. Diese Arten stellen bis zu 80 % der Kormorannahrung, davon allein die Plötze 60 % (SUTER 1991a). Trotz des Anstiegs der Kormoranbestände nahmen die Ernteerträge der Fischer an diesen Seen (bspw. Neuenburger See) nicht ab. Die Weißfisch- und Barscherträge der Fischer stiegen in den 50er Jahren als Folge der Eutrophierung. Die zunehmende Produktivität dieser Gewässer kam also gleichermaßen den Fischern und den Kormoranen zugute. An den nährstoffarmen bis schwach belasteten schweizerischen Alpenrandseen, in denen diese Arten fehlen, erscheint auch der Kormoran nur spärlich (Suter 1989). In diesen Seen überwiegen Felchen (Coregonen), die fischereiwirtschaftlich außerordentlich bedeutsam sind. Sie werden von den Kormoranen kaum genutzt.

An mitteleuropäischen Seen, selbst an solchen mit hoher Kormorandichte, liegt das Fangergebnis der Fischer immer mehrfach über der Fischentnahme durch Kormorane. Das extremste Beispiel sind die Verhältnisse am IJsselmeer in den Niederlanden, wo 1982 etwa 15 000–20 000 Kormorane fischten, und die Fischer trotzdem mehrfach höhere Erträge erzielten als von Kormoranen entnommen wurde.

Die ökologische Betrachtung der Verhältnisse in Binnengewässern führt zu einer unerwarteten und vielleicht überraschenden Erkenntnis: Kormorane haben innerhalb der limnischen Ökosysteme gewissermaßen die Funktion einer Schlußsteinart (englisch „keystone predator“) inne. Wie man aus einem Gewölbe den Schlußstein nicht entfernen kann, ohne das Gewölbe als Ganzes zu gefährden, so trägt der Kormoran als Vertilger von zooplanktonfressenden Fischen und damit als Spitzenpredator dazu bei, das ökologische System zu stabilisieren.

Das hat auch für die Fischer einen Nebeneffekt. Kormorane vertilgen in großem Umfange auch jene Fischarten, an denen ihnen nicht oder nur wenig gelegen ist, die die fischereiwirtschaftlich gewünschte Produktivität der Gewässer schmälern.

Gegen den fischereiwirtschaftlich positiv gewerteten Effekt der beschriebenen ökologischen Funktion des Kormorans läßt sich einwenden, daß durch Vertilgen der zooplanktophagen Fische die Nahrungsgrundlage für die fischereiwirtschaftlich wertvollen Raubfische (Zander, Hecht) reduziert wird, dadurch die Fangerträge für diese „Edelfische“ zurückgehen und die Fischer insofern doch geschädigt werden. Wechselwirkungen dieser Art sind nicht auszuschließen. Insgesamt ist das Problem der Biomanipulation wissenschaftlich zu wenig untersucht. Bei den aus rein fischereiwirtschaftlichen Gründen veranlaßten Untersuchungen stehen die Raubfische selbstverständlich im Vordergrund.

Kormorane und Fließgewässer

Die großen mitteleuropäischen Flüsse dienen Kormoranen während der Zugzeit als Leitlinien. Sie ziehen in kleinen und großen Trupps flußauf- oder flußabwärts und verweilen, sobald sie ergiebige Nahrung finden. Infolge des raschen Wechsels der Trupps und des gewöhnlich nur kurzdauernden Aufenthalts, wirkt sich die Fischentnahme in den mittleren und unteren Flußabschnitten nicht spürbar auf die Fischereierträge aus. In den oberen Flußabschnitten, insbesondere in der Äschenregion, ist das anders. Dort werden die Fischbestände teilweise extrem beeinträchtigt. Entsprechende Berichte gibt es aus Bayern, Österreich, der Schweiz, Hessen und Baden-Württemberg gemeldet werden. In Österreich ist für Fließgewässer 1996 eine Entnahme von 468 000 kg Fisch errechnet worden. Zugrundegelegt wurde die Anwesenheit von durchschnittlich 4000 Kormoranen an 195 Ta-

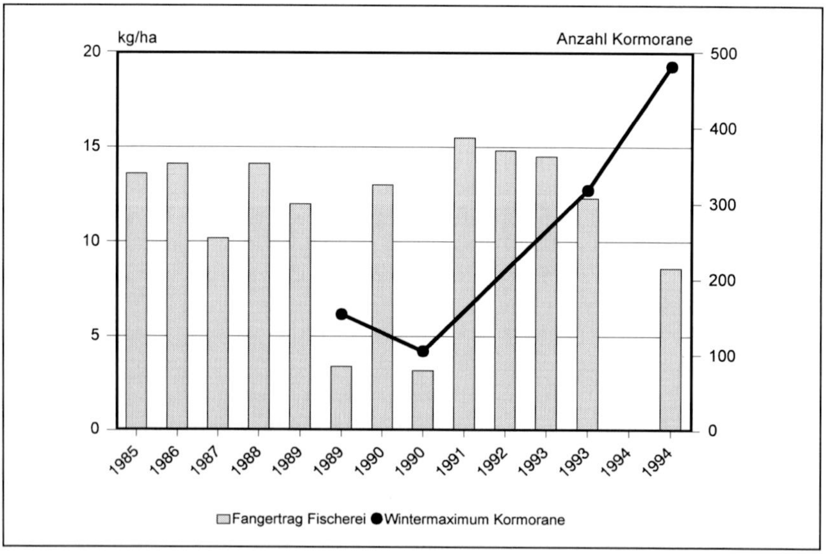

Abb. 58 Entwicklung der Winterbestände des Kormorans am Lech (Österreich) 1985–1994, Fangerträge durch die Angelfischerei und geschätzte Fischentnahme durch Kormorane

gen (= 780 000 „Kormorantage"), wobei mit täglich 600 g (= Nahrung und Verletzungsverluste) Fisch pro Kormoran gerechnet wurde. Das ist mehr als der gesamte Fang der Erwerbsfischer und fast 50 % der Menge, die geangelt wird. (Dokumentation ÖKF 1996). Zweifel an dieser Berechnung sind allerdings angebracht. Es ist mehr als fraglich, ob die im Hochwinter ermittelte Maximalzahl von 4000 Kormoranen über den Zeitraum von 195 Tagen, das sind 6 $^1/_2$ Monate, konstant anwesend war. In Österreich treffen größere Trupps erst im Spätherbst ein, und der Abzug in die Brutgebiete beginnt spätestens Anfang März. Außerdem gibt es auch gegenteilige Befunde (Abb. 58).

8.4 Kormorankot und Wasserqualität

Wenn Kormorane an Seen oder auf Inseln in Seen brüten, kann Kot ins Wasser gelangen und die Wasserqualität verschlechtern. Normalerweise brüten Kormorane zwar nicht direkt am Wasser, doch wenn sich hunderte Kormoranpaare in dessen Nähe ansiedeln kann nach wochenlangem Aufenthalt während der Jungenaufzucht Kot auf direktem Wege ins Wasser gespült werden oder die Nährstoffe gelangen über das Grundwasser hinein. Kormorankot hat einen hohen Stickstoffgehalt. Nach Schätzungen produziert eine Kormorankolonie von 1500 Brutpaaren etwa 12,5 t Stickstoff und 3,1 t Phosphor (GERE & ANDRIKOVICS 1992). Wieviel Nährstoffe im Wasser erscheinen, hängt von den örtlichen Bedingungen ab (Entfernung der Kolonie vom Gewässer, Grundwasserverlauf). In den Niederlanden wurde geschätzt, daß die Wanneperveen-Kolonie mit etwa 1000 Brutpaaren in einer Brutzeit etwa 34 000 kg Kot produziert. Gelangt nur ein Teil davon ins Wasser, dann kann das die Wasserqualität spürbar mindern. Registriert wurde ein Anstieg des *Escherichia coli*-Gehalts im Wasser in der Nähe der Kolonie.

Wir wissen gegenwärtig zu wenig, um über das Problem eindeutig beurteilen zu können. Kontrollen des Wasserzustandes in der Nähe von Kolonien sind unerläßlich.

8.5 Einfluß von Kormoranen auf die Zusammensetzung der Fischfauna

Seit dem Ausgang des Mittelalters hat der Mensch in vielfältiger Form in den Wasserhaushalt und damit in die Funktion limnischer Ökosysteme eingegriffen. Flußläufe wurden begradigt, mit Wehren und Staustufen versehen, Schleusen und

Kraftwerke gebaut. Man bedenke, daß der Lauf des Rheins in Deutschland auf ein Drittel der ursprünglichen Länge verkürzt wurde. Alle diese Veränderungen hatten Einfluß auf die Fischfauna: Wege für wandernde Arten wurden blockiert, veränderte Fließgeschwindigkeiten nahmen einigen Arten den Lebensraum, konstante Wasserhöhen schufen Lebensmöglichkeiten für zuvor benachteiligte Arten, Laichmöglichkeiten wurden durch die Beseitigung von Nebengewässern und Altarmen reduziert, Nahrungsgründe für die wichtige Aufwuchsperiode verschwanden. Insgesamt wurde die Vielgestaltigkeit limnischer Lebensräume verringert. Diese Entwicklung begünstigte die „Allerweltsarten“, die von den Fischern wenig geschätzt werden.

Erheblich verändert wurde die Fischfauna, weil die großen mitteleuropäischen Flüsse seit Beginn der Chemisierung der Wirtschaft zu Abwässern degradiert wurden („Rhein – die Kloake Europas“). Insbesondere der Anstieg organischer Kohlenwasserstoffe und Schwermetallverbindungen veränderte die Zusammensetzung der Fischfauna.

Diese Bemerkungen sollen zweierlei verdeutlichen:

- Der Lebensraum der Fischarten ist durch jahrhundertelange menschliche Aktivität grundlegend verändert worden, und damit hat sich auch die Fischfauna gewandelt
- Nicht Konstanz ist das „Normale“, sondern das sich verändernde Artenspektrum.

Da Kormorane allen ihnen erlangbaren Fischarten nachstellen, liegt die Frage nahe, ob auch sie das vorhandene Artenspektrum ändern, das heißt, ob bestimmte Arten bei regelmäßigem Fraßdruck durch Kormoranen seltener werden oder vielleicht sogar gänzlich verschwinden. Qualitative Veränderungen des Artenspektrums lassen sich nicht ausschließen, wenn eine bestimmte Art bevorzugt durch den Kormoran bejagt wird. Das Ergebnis kann sich auf die Fischerei negativ auswirken, wenn es sich um eine fischereiwirtschaftlich wertvolle Art handelt (bspw. Aal, Zander), jedoch auch einen Vorteil bewirken, wenn dadurch Biomasse „abgeschöpft“ wird (bspw. Stinte in schleswig-holsteinischen Seen).

Aus dem bloßen Fischverzehr allein lassen die Folgen für die Populationsentwicklung der betroffenen Fischarten nicht vorhersagen. Fischbestände sind in einem bestimmten Umfang in der Lage, erhöhte Mortalität durch Vergrößerung der Nachwuchsrate oder verstärkte Wachtumsleistung zu kompensieren. Wie weit das Kompensationsvermögen reicht, hängt von den betroffenen Fischarten, der Größe des Gewässers, dem Umfang der Mortalität und anderen Faktoren ab. In kleinen Gewässern ist es geringer als in größeren. Im Falle des Kormorans spielt auch der Zeitpunkt einer Rolle. An flachen Gewässern benachteiligt die Befischung durch Kormorane die Fischpopulationen im Winter viel stärker als im Sommer. Die Fische befinden sich in dieser Zeit in bestimmten Gewässerabschnitten im Ruhezustand und sind, einmal von Kormoranen entdeckt, leicht zu fangen. Im Sommer weichen sie aus, anders im Winter. Auf Grund der niedrigen Temperaturen ist der Stoffwechsel der Fische eingeschränkt, sie bewegen sich wenig. Unter derartigen Bedingungen kann es also durchaus zu starken Beeinträchtigungen bestimmter Arten kommen. Noch erheblicher können die Folgen sein, wenn sich Kormorane an Laichplätzen von Äschen und Forellen, die sich bereits im Winter an diesen sammeln, einstellen.

Der Fraßdruck durch Kormoranen kann sich auch ganz anders auf Fischpopulationen auswirken. Fischarten, etwa Aal und Brachsen, konkurrieren um die Nahrung. Wenn nun Kormorane sich auf Brachsen spezialisieren, wie das zumindest zeitweilig an einem niederländischen Gewässer (Overijssel) der Fall war, dann begünstigt das die Aalpopulation (LAMMERS et al. 1985). Die Kormorane dezimieren die Konkurrenten der Aale, ein Effekt, der im Interesse der Fischer liegt. Über eine Begünstigung des Aal an bayrischen Gewässern berichtet auch KELLER (1994). Dort fraßen Kormorane bevorzugt Bleie, die ebenfalls Konkurrenten des Aals sind.

Auswirkungen auf Rote-Liste-Arten

Fischarten, die ihrer Seltenheit wegen auf „Roten Listen“ als bestandsgefährdet eingestuft wurden, tauchen entweder gar nicht oder doch nur ausnahmsweise in der Nahrung von Kormoranen auf. In den Niederlanden sind Arten wie das Bachneunauge (*Lampetra planeri*), der Bitterling (*Rhodeus sericeus amarus*), der Schneider (*Alburnoides bipunctatus*) und andere Rote-Liste-Arten. Trotz sorgfältiger Untersuchungen wurden diese Arten nie in der Nahrung des Kormorans nachgewiesen. Übereinstimmende Untersuchungsergebnisse liegen aus der Schweiz vor, wo die Anzahl seltener und bestandsgefährdeter Arten noch größer ist als in den Niederlanden (PEDROLI & ZAUG 1995).

8.6 Schäden – Schadabwehr – Schadensregulation

In den Kapiteln über die Ernährung des Kormorans und über seine ökologische Position in limnischen Ökosystemen ist deutlich geworden, daß man ihn nicht einfach als „Schadvogel“ schlechthin abstempeln darf. Zwar ist verständlich, daß Fischer, Angler und die für Fischerei zuständigen Behörden ihm mit äußerster Skepsis begegnen, weil Kormorane nichts anderes als Fische fressen. Das reicht jedoch nicht aus, um den Kormoran von vornherein als „Schadfaktor“ in Wirtschaftsberechnungen einzubeziehen, wie sich das neuerdings einbürgert.

8.6.1 Schadensermittlung und -beurteilung

Trotz der vielen Untersuchungen über die Fischmenge, die Kormorane pro Tag vertilgen und über das Spektrum der genutzten Arten ist es nicht gelungen, die Kontroversen über die von Kormorane tatsächlich oder vermeintlich angerichteten Schäden zu beenden. Selbst bei genauer Kenntnis der Anzahl an einem Gewässer anwesender Kormorane, der Dauer des Aufenthaltes und der gebietsspezifischen Nahrungswahl lassen sich die Folgen für die Fischfauna nur schätzen. Die Skala der möglichen Beeinträchtigungen umfaßt extreme Schäden in Karpfenteichen und abgestuft lokale und saisonale Schäden in natürlichen Gewässern. Überschlägliche Hochrechnungen, ausgehend von unvollständigen Basisdaten, sind deshalb immer fragwürdig.

„Kormoranschäden", also Ertragsausfälle, die sich auf deren Anwesenheit zurückführen lassen, bedürfen genauso des Nachweises wie Schäden, die auf andere Weise entstehen. Ohne Begleituntersuchungen bleiben sie spekulativ. Hier liegt ein Problem, das sich wie ein roter Faden durch die ganze „Kormorandiskussion" zieht. Den Fischern wird nicht selten unterstellt, daß sie die Schäden zu ihren Gunsten unangemessen hoch ansetzen. Das mag zum Teil Polemik sein, doch es läßt sich nicht leugnen, daß Schadensrechnungen, die von Fischereiseite erhoben wurden, nicht immer auf nachprüfbare Zahlen gegründet sind. Hochrechnungen ohne zuverlässige Basisdaten verzerren das Bild. Wie weit selbst die offiziellen Berufsvertretungen der Fischer über das Ziel hinausschießen, zeigt folgende Passage aus der Rede des Präsidenten des Deutschen Fischereiverbandes auf dem Deutschen Fischereitag 1995 in Bautzen: „...Dies bedeutet, daß allein diese 300 000 Tiere (gemeint sind Kormorane E. R.) 150 000 kg Fisch pro Tag fressen. Wenn man jetzt ganz vorsichtig als Durchschnittswert pro kg Fisch 3,– DM ansetzt, wobei nicht berücksichtigt ist, daß der Kormoran als Feinschmecker sehr gern den hochwertigen Aal frißt, so kommt man zu einem Wert von täglich 450 000 DM. Ich wage nicht, die Zahl auf das Jahr hochzurechnen, weil solche Summen die Vorstellungskraft übersteigen." (zit. nach Fischer & Teichwirt 46, 1995).

Wie groß der Schaden im Einzelfall ist, wird immer schwer zu ermitteln sein. Grundlage für Berechnungen müssen möglichst genaue Angaben über Anzahl und Dauer des Aufenthalts der Kormorane sein, die als „Kormorantage" (= Anzahl mal Tage des Aufenthalts) ausgewiesen werden. Diese zu ermitteln, erfordert, wenn nicht tägliche, so doch zumindest in kurzen Abständen wiederholte Kontrollen. Gelegentliche Zählungen in großem zeitlichen Abstand (etwa monatlich) genügen nicht. Die Kormoranbestände wechseln viel zu schnell.

Die Kenntnis der Anzahl und Aufenthaltsdauer von Kormoranen und deren Beutespektrum, also der ornithologischen Parameter, bildet nur eine der Voraussetzungen für die Schadensermittlung. Die andere sind Angaben betriebswirtschaftlicher Art über den Normalertrag einschließlich langfristiger Fangstatistiken, Verluste durch Fischkrankheiten und Havarien, Besatz, Abfischergebnis, den ökologischen Zustand des betreffenden Gewässers und die Art der Bewirtschaftung. SUTER (1991) fordert für die Schadensbeurteilung an den großen Schweizer Seen die Kenntnis der im Gewässer produzierten Fischbiomasse und die Kenntnis der Populationsdynamik der hauptsächlich betroffenen Fischarten, weil kurzfristige Populationsschwankungen auch ohne den Einfluß fischfressender Vögel auftreten können. Der Rückgang von Fischerträgen hat in der Regel viele Ursachen. Natürliche Ertragsschwankungen gehören wie in der Landwirtschaft zum Produktionserfolg in der Fischwirtschaft.

Aussagen über Schäden, die in der dargestellten Form, das heißt durch Kombination ornithologischer und betriebswirtschaftlicher Daten ermittelt wurden, liegen aus Bayern (KELLER 1994), Sachsen (SEICHE & WÜNSCHE), der Schweiz (SUTER 1991) und den Niederlanden vor. Sie belegen, wie unterschiedlich die Folgen des Fraßdrucks durch Kormorane sein können. Das wird nachstehend an Fallbeispielen erläutert.

Die Untersuchungen über die Ernährung des Kormorans an bayrischen Voralpenseen wurden von KELLER (1994) so angelegt, daß es möglich war, die jährlichen Fischereierträge differenziert nach Gewässern und Fischarten mit den von den Kormoranen verzehrten Fischmengen zu vergleichen.

Am Ammersee entnahmen Kormorane 1990 maximal 20 % der Fischmenge, die die Fischer ernteten, in den folgenden zwei Jahren stieg der Verzehr durch Kormorane auf 50 % bis 60 %. Diese Zahlen lassen eine erhebliche Beeinträchtigung der Fischerei erwarten. Die genauere Analyse zeigt jedoch, daß das nicht zutrifft. Die Kormorane erbeuten nämlich überwiegend Fische, die fischereiwirtschaftlich nicht bedeutsam sind. Im Ammersee sind das Rotaugen, wohingegen Brachse, Zander und Güster kaum genommen werden. Nur Renken und Barsche sind in der Nahrung des Kormorans entsprechend ihrem prozentualen Anteil im Fischartenspektrum vertreten.

Das Ergebnis ermöglicht die differenzierte Einschätzung der Folgen des Kormoranfraßes auf die Fischpopulationen und davon abgeleitet auch Aussagen über mögliche Schäden. Die Bevorzugung der Rotaugen ist im Falle des Ammersees sowohl populationsökologisch wie fischereiwirtschaftlich belanglos. Die Rotaugenbestände erholten sich bereits im nachfolgenden Sommer. Fischereiwirtschaftlich steht die Art nicht im Vordergrund. Nur die Renke wird vom Kormoran in einer Größenordnung entnommen, die wirtschaftlich ins Gewicht fallen könnte. Das ist jedoch aus einem ganz anderen Grunde nicht der Fall. Die Renke kann von den Fischern nicht optimal genutzt werden, weil der Bestand so hoch ist, daß die Tiere kleinwüchsig bleiben (Verbuttung), und deshalb auf den Renkenfang verzichtet wird, was die Fischereierträge senkt. Im Chiemsee nutzen die Fischer erst Renken von einer Länge von 30 cm, der Kormoran nimmt wesentlich kleinere und wirkt dadurch der Verbuttung entgegen – eine fischereiwirtschaftlich „nützliche" Funktion.

Am Chiemsee lag der Anteil der Fischmenge, die Kormorane im Vergleich zum Ertrag der Fischer fraßen, 1989 bei 10 %, in den folgenden Jahren bei etwa 20 %. Ein ganz anderes Bild bot sich am Altmühlsee, an dem Kormorane ein Vielfaches der von der Angelfischerei entnommenen Fischmenge erbeuteten. Fazit: Drei Seen, drei unterschiedliche Resultate!

An sächsischen Fischteichen sind in den Jahren 1993–1995 Schadensermittlungen durch die Kombination von ornithologischen und teichwirtschaftlichen Parametern erfolgt (SEICHE & WÜNSCHE 1996). Dabei ergaben sich erhebliche Differenzen beim Vergleich der Berechnungen, die allein auf ornithologischen oder auf teichwirtschaftlichen Angaben beruhten. Die teichwirtschaftlichen Berechnungen lagen mit einer Ausnahme weit über den sich auf ornithologische Daten stützenden. Berechnungen, denen ornithologische Angaben zugrunde liegen, die an Teichen mit Fischen ab 10 cm Länge ermittelt wurden, kommen der Realität am nächsten. Sie erfordern jedoch einen enormen Beobachtungsaufwand, weil es erhebliche Fluktuationen in Anzahl und Aufenthaltsdauer der Kormorane gibt. Hochrechnungen mit pauschal angesetzten Daten über die Anzahl anwesender Kormorane und der Menge entnommener Fische bewirken eine Überschätzung der Verluste. Die für die Schadensberechnung wichtigen Einflüsse durch Fischkrankheiten, schlechte Wasserqualität und Verluste anderer Art werden zumeist unterschätzt, sobald Kormorane mit im Spiel sind.

In Österreich sind vor allem die oberen Flußabschnitte betroffen. Schäden entstehen an kleineren Gebirgs- und Vorgebirgsflüssen (z. B. an der Enns, JUNGWIRTH et al. 1995), an denen die Forellenbestände teilweise erheblich dezimiert werden. Am stärksten ist das bemerkbar in kanalisierten wenig strukturierten Flußabschnitten mit deckungsarmen Ufern, an denen die Kormorane ungehindert fischen können. Besonders stark reduziert wurden die Forellen- und Äschenbestände in der Steyr (Abb. 59). Auch in der Schweiz können die Forellen- und Äschenbestände in kleineren Flüssen stark betroffen sein. Am Hochrhein gab es trotz Kormoranpredation keine Ertragsausfälle (SUTER 1991). In anderen schweizerischen Gewässern fingen Kormorane Fische in einer Menge, die etwa 35 % des Fangertrages der Fischer entsprach, ohne daß deren Erträge gemindert wurden. Der doppelte Eingriff in die Äschenbestände durch Fischerei und Kormorane wurde in diesen Gewässern durch steigende Bioproduktivität wettgemacht. Im Gegensatz dazu stehen Befunde von STAUB et al. (1992). Sie beschrieben für den 48 ha großen Rotsee (Schweiz) nach starkem Kormoraneinfall einen Zusammenbruch des Plötzenbestandes und das völlige Verschwinden der Güster. Als Sekundärfolge gingen auch die Hechterträge zurück.

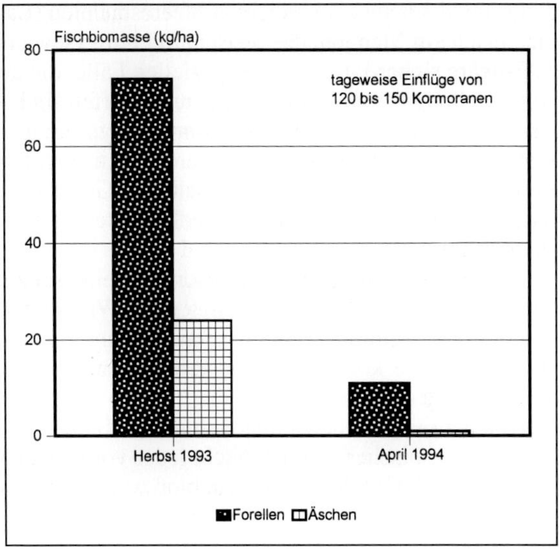

Abb. 59 Auswirkungen mehrtägiger Befischung eines Gebirgsflusses in Österreich im April 1994 **a** Fischbiomasse (kg /ha) im Herbst 1993 **b** Fischbiomasse im April 1994

Untersuchungen in den Niederlanden ergaben, daß die wirtschaftlich bedeutsamen Nutzfische durch Kormoranfraß unterschiedlich betroffen sind. In NW-Overijssel verzehrten Kormorane 1991 2,1 kg Zander pro ha. Die kommerzielle Fischerei fing nur 1–2 kg Zander pro ha. Der Aalkonsum der Kormorane betrug im gleichen Zeitraum 1,1 kg/ha, was etwa 25 % der von den Fischern gefangenen Menge entspricht.

In Dänemark fühlt sich die Berufsfischerei in weiten Teilen des Ostseeküstenbereichs durch den Kormoran beeinträchtigt. Hauptsächlich betroffen sind Aal, Kleine Maräne, Kabeljau und Kliesche (*Limanda limanda*). Von den Fischern wird ein Verlust von 25 % des Aalaufkommens angegeben, und bis zu 20 % der 1–2jährigen Schellfische (*Gadus morhua*) (Hald-Mortensen 1995). Allerdings hat der Schellfischbestand in den letzten Jahren wieder zugenommen, so daß die Schäden wahrscheinlich lokal begrenzt sind.

In Frankreich häuften sich schon in den 70er und 80er Jahren Schadensmeldungen von Fischfarmen an der Atlantikküste (Vendee, Charente Maritime, Arcachon). Nach Marion (1990) kam es im Herbst innerhalb weniger Wochen zu erheblichen Verlusten. Schäden wurden auch von Fischfarmen in der Nähe der Loire und der Rhone sowie aus der Camargue gemeldet. Betroffen ist auch die Sportfischerei. Seit den späten 80er Jahren gehört auch Italien zu den Ländern, in denen über Kormoranschäden geklagt wird. Zwar stehen auch hier Fischfarmen im Vordergrund, doch auch aus seichten Meeresbuchten (Lagunen) entnehmen Kormorane Fische in Mengen, die wirtschaftlich ins Gewicht fallen (BACETTI 1993).

Es wäre sicher falsch, diese speziellen Fälle, die aus einer großen Anzahl von Untersuchungen und Berichten herausgegriffen sind, zu verallgemeinern. Ergebnisse, die in einem Gewässer bestimmten Typs erzielt wurden, dürfen nicht ohne Weiteres auf andere übertragen werden. An oligotrophen Seen werden andere Resultate erzielt als an eutrophen. Selbst an Gewässern gleicher Art, die sich oberflächlich ähneln, können unterschiedliche Bedingungen zu verschiedenen Resultaten führen.

Jede Untersuchung ist genaugenommen eine Einzelfalluntersuchung. Aus den erwähnten Untersuchungen von SEICHE & WÜNSCHE (a. a. O.) lassen sich nur die beschriebenen Grunderkenntnisse auf andere Teichwirtschaften in Deutschland übertragen. Die konkreten lokal ermittelten Werte sind immer spezifisch und deshalb auf andere Fälle kaum übertragbar.

Trotzdem verdeutlichen die Befunde, daß nicht allein der Kormoran Ursache für sinkende Fischerträge ist. Nicht jeder von einem Kormoran gefangene Fisch darf als Schaden verbucht werden, bloß weil dieser auch von einem Fischer hätte gefangen werden können. Solch ein Fehlschluß beruht auf mangelnder Kenntnis der natürlichen Sterblichkeit in Fischpopulationen. Diese wird von Faktoren verschiedenster Art beeinflußt, dazu zählen Nahrungsmangel, Raubfische (Predatoren), Kannibalismus, Krankheiten und Parasiten. Nach ZIMMERMANN (1989) entstand der größte Teil der Verluste an den Karpfenteichen in der Lewitz durch Fischseuchen, Parasitosen und Umweltschäden sowie Bewirtschaftungsfehler. Der Anteil der Kormorane am Gesamtschaden betrug 1984/85 nur 6 % und 4 % bei zweisömmrigen und 1986 25 % bei einsömmrigen Karpfen.

Die Fallbeispiele zeigen, wie vorsichtig mit dem Begriff Schaden umgegangen werden muß. Der Kormoran ist nur ein Mortalitätsfaktor, der im Vergleich zu den anderen weit zurücktreten kann. Für die Populationsentwicklung der Fische und damit letztlich auch für den Fischertrag maßgeblich ist die Summe der Mortalitätsfaktoren. Dem Kormoran dürfen nur Schäden angelastet werden, die ursächlich auf ihn zurückgehen und zusätzlich zu anderen Ursachen wirken.

Der ökologische Aspekt der Schadensproblematik

Das Schadensproblem hat jedoch nicht nur eine ökonomische die Beeinträchtigung der Fangerträge, also die Fischwirtschaft, betreffende Seite. Zu bedenken sind auch ökologische Schäden, die entstehen können, wenn die Dynamik und die Artenzusammensetzung autochtoner Fischbestände beeinträchtigt wird. Dieser Aspekt ist in den bisherigen Untersuchungen wenig beachtet worden. Es ist dringend erforderlich, ihn wissenschaftlich genauer zu bearbeiten, weil aus den meisten natürlichen Gewässern Angaben über die Artenzusammensetzung der Fischfauna, die Biomasse und natürliche Mortalitätsfaktoren sowie andere populationsökologische Parameter nicht bekannt sind.

8.6.2 Schadensabwehr

Niemand sieht es gern, wenn Stare seinen Kirschbaum plündern. Für viele Landwirte sind die nach Hunderttausenden zählenden Scharen der Wildgänse, die sich auf den frisch bestellten Saaten niederlassen, eine Horrorvorstellung. Zur Abwehr der Schäden, die diese und einige weitere Vogelarten verursachen können – in afrikanischen Ländern noch viel umfänglicher als in Europa – sind Abwehrverfahren bekannt. Die einfachste ist die jedermann geläufige Vogelscheuche, die in simpler Form die Figur eines Menschen nachahmt. Landwirte und Gärtner wissen, wie schwierig es ist, sich dauerhaft ungebetener gefiederter Nahrungsgäste zu erwehren.

Für die Fischwirtschaft gilt in gleichem Maße, was Landwirtschaft und Gartenbau seit altersher tun müssen: Schaden abwehren, bevor er eintritt. In der Fischwirtschaft ist das jedoch ungleich schwerer, denn Vogelscheuchen bekannter Art lassen sich auf Gewässern schlecht anbringen. Die Abwehr von Kormoranen, die sich oft in größeren Scharen einstellen, erfordert spezielle Verfahren. In Teichwirtschaften, in denen Speisekarpfen produziert werden, sind Abwehrmaßnahmen unerläßlich.

Vielfach wird noch immer davon ausgegangen, daß es sich bei der Wiederausbreitung und nahezu allgegenwärtigen Anwesenheit von Kormoranen an mitteleuropäischen Gewässern um ein vorübergehendes Phänomen handelt. Das ist mit Sicherheit falsch. Eine Ausrottung des Kormorans, wie es sie bis zum Erstarken der Naturschutzbewegung gegeben hat, ist nicht mehr durchsetzbar. Die Fischer müssen es lernen, mit den Kormoranen zu leben. Selbst wenn es gelingen sollte, den Bestand in Europa drastisch zu senken, bleibt die Anwesenheit dieser Tiere an natürlichen Gewässern und ihr Erscheinen in Teichanlagen ein Sachverhalt mit dem sich die Fischer auseinandersetzen und auf den sie sich betriebswirtschaftlich genauso einstellen müssen wie auf Krankheiten und Parasiten

Die Produktion von Speisefischen in Teichanlagen und Teichwirtschaften ist zwangsläufig mit vielen Unsicherheiten behaftet. Witterung, Krankheiten und Parasitenbefall erschweren die Fischzucht. Sie sind jedoch mitentscheidend für den betriebswirtschaftlichen Erfolg. Auf die von diesen Seiten drohenden Gefahren ist der Fischwirt jedoch eingestellt. Bei Krankheiten oder bei Parsitenbefall weiß er, was zu tun ist, um die Gefahr abzuwenden. Das gehört zu seinem fachlichen

Wissen und zur betriebswirtschaftlichen Praxis. Im Falle des Kormorans ist das anders. Er ist ein neuer Faktor.

Es gibt ein weit gefächertes Repertoire an Methoden und in den letzten Jahren ist dazu geforscht und publiziert worden. Die wichtigsten Verfahren sind nachstehend zusammengestellt. Vorwegnehmend sei gesagt, daß es kein schlechthin gültiges Rezept gibt. Die Bedingungen sind an großen Seen ganz anders als an kleinen, in Teichwirtschaften anders als an Flußläufen und an der Meeresküste nicht mit denen im Binnenland vergleichbar. Es müssen Lösungen gefunden werden, die den jeweiligen Bedingungen angepaßt und finanzierbar sind. Auf den Erfolg wirken sich viele Faktoren aus, so die Kombination von Vergrämungstechniken, die Dauer der Anwendung, die Lage des zu schützenden Gewässers, die Anzahl anwesender Kormorane, die Größe des Gebietes u. a. m. Früher war die Waffe des Jägers das Allheilmittel. Doch diese Zeiten sind vorbei.

Die nachstehende Übersicht über die wichtigsten Abwehrmethoden und die Erfahrungen, die bei ihrer Anwendung gewonnen wurden, sollen den mit der Lösung des Kormoranproblems befaßten Behörden, Fischwirten und Naturschützern zur Information dienen. Die konkrete Anwendung auf den Einzelfall kann immer nur das Ergebnis der Einschätzung der jeweiligen Situation sein. Eine aktuelle Zusammenstellung gebräuchlicher Methoden erfolgte durch KELLER (1996).

Betriebswirtschaftliche Veränderungen in Teichanlagen

Anordnung der Teiche In größeren Teichanlagen lassen sich Kormoranschäden bereits durch die Anlage und den Besatz der Teiche verhindern. Große, naturnahe Teiche, mit nahezu erntereifen Fischen sollten in der Peripherie, besonders gefährdete Aufzuchtteiche im Zentrum der Teichwirtschaft, zumindest aber in der Nähe häufig begangener und befahrener Wirtschaftsgebäude angelegt werden. Nach ZIMMERMANN (1989) sind wirtschaftliche Schäden am ehesten an den Satzfischteichen zu erwarten. Auf diese sind deshalb die Maßnahmen zur Schadensverminderung zu konzentrieren.

Ablenkfütterungen In der Wildschadensverhütung ist es vielfach üblich, das Schadwild vom zu schützenden Objekt abzulenken, indem ihm an anderer Stelle ein Angebot zu ungestörtem Fressen geboten wird. Das Verfahren wird insbesondere zur Verhinderung von Schwarzwildschäden angewendet. Man bietet den Tieren mit minderwertigen Früchten bestellte Äcker an und läßt sie dort ungestört fressen.

Diese Methode ist für die Ablenkung von Kormoranen von den besonders gefährdeten Teiche in der Lewitz (Mecklenburg-Vorpommern) erprobt worden, indem man einige Teiche mit kleinen Weißfischen besetzte (Ablenkteiche), an denen die Kormorane nicht gestört wurden. Sie nahmen diese Teiche an. In größeren Teichwirtschaften könnte dieses Verfahren im Rahmen eines integrierten Managements erfolgversprechend sein. Dagegen spricht jedoch, daß bei langdauernder Anwendung die Beschaffung der „Futterfische“ schwierig sein dürfte und letztlich die Zunahme der Kormoranpopulation gefördert wird, was nicht im Sinne der generellen Lösung des Problems liegt.

Überspannen von Teichen oder Teichgruppen mit Netzen In der Forellenzucht ist es üblich, die Anlagen durch Überspannen mit Drähten oder Schnüren gegen fischfressende Vögel zu schützen. Den Kormoranen wird auf diese Weise das Landen erschwert, noch problematischer ist der Start mit vollem Magen, weil sie einen Anlauf von mindestens 5 Metern benötigen. In Bayern dienten verzinkte Maschendrähte (2,8–3 mm Durchmesser) und einer „Maschenweite“ von 10 mal 10 Metern, die in Höhe von 30–40 cm über das Wasser gespannt wurden, als Schutz. Drähte sind starre Hindernisse und eignen sich besser als bewegliche Schnüre. Die Abstände sind jedoch zu weit, um Kormorane dauerhaft vom Besuch der Teiche abzuhalten. Sie müssen enger sein. Die Methode wurde auch an anderen Teichen erprobt (Severin-Edlmaier 1996).

In den Lewitz-Fischteichen (Mecklenburg-Vorpommern) würden sich die Kosten für eine Teichabdeckung auf 28 500 DM belaufen (für 18 ha = 7 Teiche, nur 2,4 % des Gesamtgebietes). Die Haltbarkeit einschließlich der Tragmasten beträgt maximal 10 Jahre. Gespannt werden Stahlseile, an die Polyäthylenseile geknüpft sind (Abb. 60). Nach den bisher in den Lewitz-Fischteichen vorliegenden Erfahrungen sind die Fischverluste nach erfolgter Abdeckung gering. Aus überspannten Teichen wurden keine Fische herausgeholt, obwohl die Kormorane immer wieder versuchten, aufs Wasser zu gelangen.

Nach den gegenwärtigen Erfahrungen könnten Überspannung allenfalls ein Weg sein, um Verluste an kleinen Teichen (K1-Gewässer) zu vermeiden. Die Überspannung von Teichen hat sich dort bewährt (Geldhauser 1997), ist aber kostenaufwendig.

Oberle (1997) schlägt die Einhausung ganzer Teiche mit Fäden oder Netzen vor. Dabei dienen Holzmasten als Stützen, die untereinander mit Stahlseilen verbunden sind, an die Fäden geknüpft werden. Als „Dach“ kann ein Netz gespannt werden. Anlagen dieser Art sind bereits erprobt worden. Die Einhausung kostet pro ha Teichfläche zwischen 30 000 und 40 000 DM.

Verhinderung von Brutansiedlungen Zu den großen Teichwirtschaften im Süden Brandenburgs und in Sachsen gehören teilweise auch größere Baumbestände, so daß Brutansiedlungen möglich sind. Diese dürfen selbstverständlich nicht toleriert werden und sind bereits vor Brutbeginn zu beseitigen.

Abb. 60 Teil der Netzabdeckung eines Karpfenteichs zum Schutz gegen Kormorane – Erprobungsanlage in der Lewitz (Mecklenburg-Vorpommern)

Akustische und optische Scheuchmaßnahmen

Akustische und optische Vergrämungsmaßnahmen sind in den verschiedenartigsten Variationen erprobt und eingesetzt worden. An Fischteichen sind derartige Maßnahmen seit Jahrzehnten immer wieder auch zur Abwehr anderer Schadvögel (Graureiher) angewandt worden. Die Erfolge waren und sind wechselnd.

Bei Vergrämungen ist zu bedenken, daß die Tiere dadurch in einem größeren Gebiet verteilt und Neuansiedlungen infolge des Zerstreuungseffektes begünstigt werden. Hinzu kommt, daß häufige Störungen den Energieumsatz erhöhen und als Folge auch den Nahrungsbedarf vergrößern. Werden die Tiere an Schlaf- oder Ruheplätzen gestört, dann sind sie gezwungen umherzufliegen, was sich ebenfalls begünstigend auf Energie- und Nahrungsbedarf auswirkt. GREMILLET & SCHMID (1993) haben nach entsprechenden Messungen den Energieumsatz berechnet. Nach der auf einen Schreckschuß folgenden panikartigen Flucht kommen die Kormorane nach 40 Minuten zum Rastplatz zurück und erkunden in Rundflügen die Situation. Je nach Ergebnis lassen sie sich nieder oder fliegen weiter.

Eine Störaktion verursacht einen Energieverbrauch, der den Kormoran zwingt, etwa 23 Gramm Fisch mehr aufzunehmen. Bei einer Gruppe von 500 Kormoranen sind das 25 kg Fisch, die gefressen werden, um die Mehrkosten zu decken. Vertreibungsaktionen müssen also genau überlegt sein.

Wenn Kormorane durch Bootsverkehr, Surfer, Angelsport häufig gestört werden, vergrößert sich auch die Fluchtdistanz (HÜBNER & PUTZER 1985). Die Auswirkungen auf die Verteilung im Gebiet können beträchtlich sein. Bedenklich sind die Störungen, die sich für andere Wasservogelarten ergeben. Eine praktikable Methode zur Schadensverhütung und Abwehr läßt sich aus der Störempfindlichkeit wohl kaum entwickeln.

Akustische Abwehrmaßnahmen

Auf plötzlichen Knall oder Extremgeräusche ähnlicher Art reagieren Kormorane empfindlich. Sie fliegen augenblicklich ab oder lassen sich gar nicht erst nieder, wenn sie mit Knallgeräuschen empfangen werden. Zur Abschreckung geeignet sind Feuerwerkskörper, die mit Schreckschußpistolen auf die Kormorane abgefeuert werden oder von Hand gezündete pyrotechnische Artikel, die in Richtung auf die Kormorane abgeschossen werden. Um die Gewöhnung der Vögel an ein bestimmtes Geräusch zu vermeiden, empfiehlt sich die Verwendung verschiedener Typen von Knallkörpern. In kleinen und mittelgroßen Teichanlagen ist der Einsatz einfach zu praktizieren. Wichtig ist es, die Kormorane bereits beim morgendlichen Anflug zu erschrecken, um sie von vornherein zum Abdrehen zu zwingen.

Wenn es zu kostenaufwendig ist, Personen für den Betrieb solcher Geräte einzusetzen, empfiehlt es sich, automatische Knallanlagen aufzustellen (Abb. 61). Derartige Geräte werden mit Propan oder Azetylen betrieben. Sie feuern stochastisch, das heißt in unregelmäßigem Zeitmuster. Das ist wichtig, damit die Tiere sich nicht an den Knall gewöhnen. Sobald bemerkbar wird, daß ein Teil der Kormorane nicht mehr reagiert, sollten die Geräte abgestellt werden.

Ferngesteuerte Flugzeuge

Versuche, ferngesteuerte Modellflugzeuge gegen Kormorane einzusetzen, wurden in den USA unternommen. Dabei liegt der Gedanke zugrunde, daß sich die Kormorane das Schema des natürlichen Flugfeindes vortäuschen lassen. Die Kormorane werden auf diese Weise stark beunruhigt und sogar vertrieben. Mit einem Flugzeug gelingt es, 200–300 Kormorane zu scheuchen. Das Verfahren hat jedoch viele Schwächen und ist deshalb in größerem Umfange und dauerhaft nicht praktizierbar. Bei schlechtem Wetter ist es gar nicht einsetzbar. Kostenaufwendig sind nicht nur die Fluggeräte, sondern auch die geeigneten Start- und Landeplätze, die in der Nähe des zu bewachenden Gewässers vorhanden sein müssen. Er-

Abb. 61 Knallschreckgerät – eingesetzt zum Verscheuchen von Kormoranen an einem Fischteich in Sachsen

probt worden sind auch Flugdrachen, Heliumballone sowie der Einsatz von Hubschraubern und Ultraleichtflugzeugen.

Abwehr durch Greifvögel

Kormorane haben natürliche Feind kaum zu fürchten. Allenfalls dürfte es dem Habicht und dem Wanderfalken gelingen, einen ausgewachsenen Kormoran zu greifen. Beide Arten werden gelegentlich zur Vertreibung von Vogelschwärmen an Flugplätzen eingesetzt. Es lag nahe, das Verfahren auch bei der Abwehr von Kormoranen zu erproben. Versuche, Kormorane durch trainierte Habichte und Wanderfalken zu vertreiben, sind jedoch fehlgeschlagen. Durch Habichte lassen sich Kormorane nur wenig beeindrucken. Wanderfalken rufen eine Wirkung nur dann hervor, wenn sie einen einzelnen Kormoran direkt angreifen. Das tun sie jedoch nur selten. Außerdem ist der Aufwand schon für die Vorbereitung derartiger Einsätze viel zu groß.

Reduzierung durch Abschuß

Ein besonders heikles und kontrovers diskutiertes Thema ist der Einsatz der Schußwaffe (Abb. 62). Besonders Fischer, jedoch auch Behördenvertreter sind der Ansicht, daß sich das „Kormoranproblem" durch den Abschuß eines Teils der Vögel am ehesten lösen läßt. Jäger sind zwar nicht unmittelbar an der Jagd auf Kormorane interessiert, denn als Braten sind diese Vögel nicht geschätzt, doch sie werden von den Fischern oder den für die Fischerei zuständigen Behörden um Mitwirkung bei der Reduktion im Sinne von „Amtshilfe" ersucht.

In den EU-Ländern gehören Kormorane nicht zu den jagdbaren Vögeln. Die Möglichkeit des zeitlich und räumlich begrenzten Abschüsse ist jedoch gegeben, wenn wirtschaftlich unzumutbare Schäden nachgewiesen werden. Die Wiedereinführung der Jagd auf Kormorane in den EU-Staaten nach Streichung aus der Liste I im Anhang zur EG-Vogelschutz-Direktive ist abzulehnen, weil sich das Kormoranproblem in unserer Zeit nicht mit der Waffe des Jägers lösen läßt.

Offizielle Jagdzeiten gibt es nur in einigen Nicht-EU-Ländern in Europa. In der Schweiz ist der Kormoran in 16 Kantonen zur Jagd offen (in 8 Kantonen geschützt, in 2 Kantonen Sonderabschüsse möglich), doch Abschüsse erfolgen vor allem auf Initiative von Fischern und Anglern. 1992/93 wurden 15 % des Winterbestandes abgeschossen, das waren etwa 1000 Kormorane. In Schweden gibt es eine Jagdzeit, die bereits Ende August beginnt. In der Nähe von Stellnetzen, und zwar bis zu einer Entfernung von 200 Metern können Kormorane unbegrenzt geschossen werden. Es wird geschätzt, daß in jeder Saison bis zu 1000 Kormorane erlegt werden. In einer Kolonie wurden Hunderte noch nicht flügger Jungvögel geschossen. Auch in Tschechien ist die Jagd auf Kormorane erlaubt. Nur in der Nähe der Kolonien herrscht strenges Jagdverbot.

Durch ungezielten Beschuß (Schuß als Scheuchwirkung) werden Kormorane wirkungsvoll vertrieben, doch ein wesentlicher Nachteil besteht darin, daß sich die Tiere rasch an den Knall gewöhnen. Längere Wirksamkeit kann nur erreicht werden, wenn die Schüsse zeitlich und räumlich variiert werden. Nachteilig (und das gilt auch für den Einsatz anderer Knallgeräte in gleicher Weise) ist die Beunruhigung anderer Tierarten. Im Frühjahr sind an Fischteichen die im Schilf brütenden Vögel betroffen, im Sommer die anderen anwesenden Wasservögel.

Abb. 62 Kormoran (Schlichtkleid), geschossen in der Teichwirtschaft Peitz (Brandenburg)

In Deutschland ist der Versuch, Schäden durch Abschuß zu verringern, in den letzten Jahren trotz erheblicher Einwände der Naturschutzverbände ausgeweitet worden. Abschußverordnungen sind in Bayern, Sachsen, Brandenburg und in Baden-Württemberg erlassen worden; in Bayern bereits 1995, 1996 erneut. Die Abschußgenehmigungen 1995 bezogen sich mehrheitlich auf Fischteiche und die Äschenregion von Fließgewässern. In Meckleburg-Vorpommern wurden 1990 und 1991 jeweils 700 Kormorane abgeschossen (KNIEF 1994). Die Verordnung im Freistaat Bayern erlaubt den Abschuß über 7 Monate (1996 wurden laut offizieller Verlautbarung 5000 Kormorane in Bayern geschossen). Über den Erfolg von Vergrämungsabschüssen berichten Graf zu TÖRRING-JETTENBACH et al. (1995).

Abschüsse in Kolonien zu Beginn der Brutzeit wirken sich noch in anderer Hinsicht nachteilig aus. Die entstandenen Lücken werden nämlich bei hoher Populationsdichte durch jüngere Männchen geschlossen, die zuvor nicht am Brutgeschäft teilnahmen. Außerdem nimmt die Fluchtdistanz zu. Die Tiere werden scheu. Die neuen Kolonien entstehen an abgelegenen, kaum zugänglichen Stellen. Die Vögel lernen, in Gebiete auszuweichen, in denen sie unbehelligt bleiben. Das sind nicht selten Naturschutzgebiete oder Schutzgebiete anderer Kategorien (Ramsar-Gebiete, Schongebiete für Wasservögel, Großschutzgebiete). Durch Bejagung wird unter Umständen lediglich eine Umverteilung auf jagdfreie Gebiete bewirkt (St. Florians-Prinzip), letztlich also genau das Gegenteil von dem, was erreicht werden soll. Das Populationswachstum wird nicht abgeschwächt, sondern angeregt.

Reduzierung durch Abschuß hat nur als Teil eines international vereinbarten Managements eine populationsökologisch begründete Berechtigung.

Reduzierung des Bruterfolges

Die Reduktion des Bruterfolges in Kolonien erfolgt zumeist durch Entnahme von Eiern oder Austausch gegen Kunsteier. Das sind in Baumbrüterkolonien arbeitsaufwendige Verfahren. Bei Bodenbrütern sind sie leichter zu praktizieren. In Schweden wurde der mit der Wiederausbreitung einsetzende „Feldzug" gegen den Kormoran bereits 1989 mit der Zerstörung von zwei Bodenbrüterkolonien eröffnet (Abb. 63). Die Beseitigung von Nestern ist auch in Polen üblich, wenn sich Kormorane in der Nähe von Fischfarmen ansiedeln. In Tschechien wurde die Vergrößerung der Kolonien ebenfalls durch Reduktion verhindert.

Ein anderer Weg sind direkte Eingriffe durch Störung bei der Koloniebildung, durch Nesterbeseitigung, Besprühen der Eier mit Ölemulsion u. a. m.

Einsatz von Lasergewehren In Frankreich ist der Einsatz von Laserstrahlen erprobt worden. Das Prinzip beruht auf einer Schreckwirkung des vom hel-

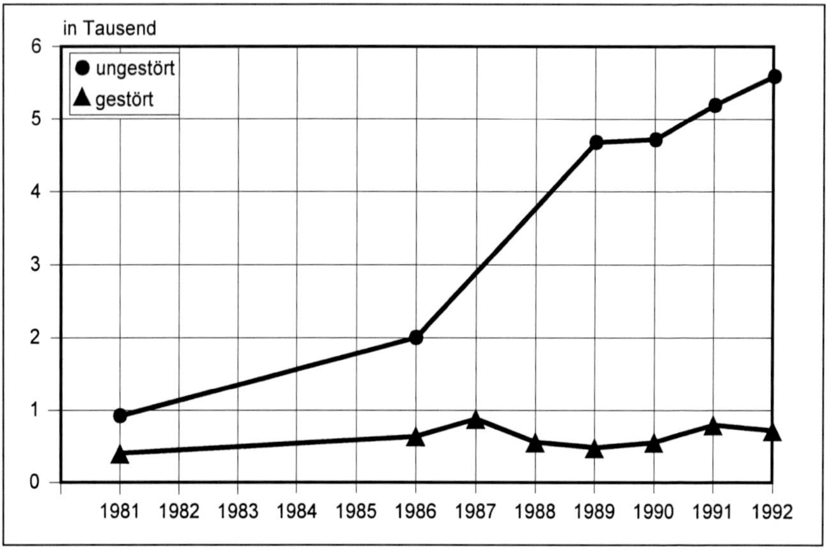

Abb. 63 Vergleich der Bestandsentwicklung in Kolonien ohne (obere Kurve) und mit (untere Kurve) Störungen (nach LINDELL et al. [1995])

len Laserstrahls getroffenen Vogels Das Lasergewehr eignet sich nur bei Einsatz in der Dämmerung oder nachts (TROLLIET 1993). In Frankreich konnten Kormorane bis zu einer Entfernung von 2,3 km vom Schlafplatz vertrieben werden (Preis für ein Lasergewehr ca. 10 000 DM).

8.6.3 Schadensregulation

In Deutschland wurden ökonomische Schäden in einigen Bundesländern durch finanzielle Zuwendungen der Landwirtschafts- oder Umweltministerien ganz oder teilweise kompensiert (neuerdings nur noch eingeschränkt). Die Zahlungen erfolgen aufgrund von gutachterlich gestützten Schadensforderungen der Fischereibetriebe. Da es weder für die Schadensberechnung noch für die Gewährung von Ausgleichszahlungen bindenden Grundsätze gibt, wird häufig genug nicht sachlich begründet, sondern aufgrund der jeweiligen Finanzsituation und nicht selten auch von Lobbyismus entschieden.

In Deutschland ist den Forderungen der Fischer wohl kaum irgendwo in vollem Umfange entsprochen worden, trotzdem sind Zahlungen in Millionenhöhe erfolgt. Überzahlung von Schäden wird man in Kauf nehmen müssen, wenn man sich allein auf betriebswirtschaftliche Daten stützt. Ohne ein Mindestmaß an verläßlichen ornithologischen Begleituntersuchungen sind fischereiwirtschaftliche Berechnungen zumindest fragwürdig. Ornithologische Begleituntersuchungen sind jedoch zeit- und kostenaufwendig. Sie sind jedoch unerläßlich, um die Schäden an Fischteichen zumindest annähernd richtig einschätzen zu können.

In großem Umfange sind Entschädigungen im Land Brandenburg bewilligt worden. Laut Mitteilung der Landesregierung auf eine entsprechende Anfrage im Landesparlament wurden 1994 über 2 Millionen DM Ausgleichszahlungen für Kormoranschäden an die Fischereibetriebe des Landes gezahlt, davon allein an das Teichgut Peitz 1994 über 340 000 DM und 1995 über 1,1 Millionen DM. Außerdem wurden Teichwirtschaften im Rahmen des Vertragsnaturschutzes finanziell unterstützt. Das Teichgut Peitz erhielt im Rahmen dieser Förderung 1994 250 000 DM. Weitaus sparsamer ging man mit Entschädigungen in Mecklenburg-Vorpommern um. Dort erhielten die Teichwirte in mehreren Jahren nur 500 000 DM, obwohl die Vertreter der Fischwirtschaft die jährlichen Verluste auf rund 3 Millionen DM bezifferten.

Insgesamt wird die Frage des Schadensausgleichs in Europa sehr unterschiedlich gehandhabt. In den reichen EG-Ländern neigt man eher dazu, die Schäden finanziell auszugleichen. In Ost- und Südosteuropa ist das weniger oder gar nicht der Fall.

Ein anderer Weg zur Kompensation von Schäden sind Extensivierungsverträge zwischen den Fischereibetrieben und den Naturschutzbehörden, in denen eine naturverträgliche Nutzung der Teichflächen und die Duldung der Kormorane festgeschrieben wird und die Ausgleichszahlungen daran gebunden werden. Dieser Weg sollte gefördert werden, weil auf diese Weise Ökologie, Fischerei und Naturschutz zusammengeführt werden.

9 Nationales und internationales Management

Management ist die geplante und koordinierte Durchführung von Maßnahmen, die dem Schutz des Kormorans, der Verhinderung von Schäden in Fischereibetrieben und der Verbesserung des ökologischen Zustandes des Gewässers dienen. Es muß in Form von Managementplänen von den zuständigen Fachbehörde oder fachlich geeigneten Einrichtungen vorbereitet und ausgearbeitet werden. Die Pläne bedürfen der Zustimmung der zuständigen Ministerien und werden gemeinsam und einvernehmlich von den Fischereibetrieben und Naturschutzeinrichtungen erarbeitet und verwirklicht.

In Managementpläne gehören Festlegungen über die Gewässer an denen der Kormoran geduldet und von welchen er fernzuhalten ist (bspw. Fischteiche, Fließgewässerstrecken), die „tragbare“ Bestandsgröße und bei deren Überschreitung zulässige Reduzierungsmaßnahmen, Ruhezonen, Schutz von Schlafplätzen, Verfahren zur Schadensermittlung, Formen von Entschädigungen und wissenschaftliche Untersuchungen.

Ökologisch begründete Bewirtschaftung natürlicher Gewässer als Teil eines Managements

Die Mehrzahl der Seen im norddeutschen Flachland ist über Jahrzehnte hinweg durch anthropogene Beeinflussung in ihrem ökologischen Zustand verschlechtert worden. In den letzten Jahren ist viel getan und erreicht worden, um den Nährstoffeintrag in natürliche Gewässer zurückzudrängen (Extensivierung der Landwirtschaft, Deindustrialisierung, Bau von Kläranlagen). Eine übertrieben intensive fischereiwirtschaftliche Nutzung (dazu gehören bestimmte Besatz- und Befischungsmaßnahmen, Begünstigung weniger „Edelfischarten“) steht dieser Entwicklung entgegen und wirkt sich ökologisch nachteilig auf diese aus. Anzustreben ist eine dem Nachhaltigkeitsprinzip und dem Erhalt des ökologischen Zustandes der Gewässer entsprechende naturverträgliche Form der fischereiwirtschaftlichen Nutzung.

Eine Veränderung des gegenwärtigen Zustandes, der einige kleine Weißfischarten begünstigt, würde auch den Kormoran benachteiligen. Fischereiwirtschaftliche Bewirtschaftungsformen, die in dieser Richtung liegen, sollten subventioniert werden. Das wäre ökologisch sinnvoll. Es liegt gleichermaßen im Interesse der Sicherung der Existenz der Fischer und des Natur- und Umweltschutzes. Dadurch ließe sich erreichen, daß die Fischer an der ökologischen Gesundung bzw. Gesunderhaltung der Gewässer mitwirken. Seen sind nicht allein Fischproduktionsstätten, sondern Lebensräume für wildlebende Tiere und Pflanzen und besitzen darüber hinaus einen erheblichen Erholungswert für die Bevölkerung.

In einigen deutschen Bundesländern gibt es durchaus erfolgversprechende Ansätze für ein Kormoranmanagement. Im Freistaat Sachsen wurden die Grundlagen für ein Vorgehen nach diesen Grundsätzen durch die Arbeit von SEICHE & WÜNSCHE (1996) geschaffen. – In Brandenburg wird ein „Kormoranmanagement zur Prävention von Fraßschäden in Teichwirtschaften" erarbeitet. – In Schleswig-Holstein ist bereits 1992 ein Konzept zur Behandlung des Kormoranproblems verabschiedet worden. Die Landesregierung zahlte zuvor seit 1984 Ausgleichszahlungen für Kormoranschäden in Höhe von 1,5 Millionen allein an die Binnenfischerei und gewährte Pachtnachlaß in beträchtlicher Höhe für landeseigene Gewässer. Das Konzept sieht Einschränkungen des Bruterfolges, die Verhinderung von Kolonieneubildungen und unter bestimmten Bedingungen (unter Anleitung durch die Staatliche Vogelschutzwarte) Vergrämungsabschüsse bei begründeter Beantragung vor. Außerdem werden den Fischern Dienstleistungsverträge angeboten, die auf eine Mitwirkung bei wasserwirtschaftlichen Untersuchungen, der Zustandsüberwachung des Gewässers und der Mitwirkung bei bestimmten Naturschutzmaßnahmen abzielen (nach RÜGER 1993). – In Niedersachsen werden durch Erlaß der zuständigen Ministerien die Bedingungen für die Verhinderung von Koloniegründungen und Abschüsse in Teichwirtschaften geregelt (SÜDBECK pers. Komm.).

Da der Populationsanstieg des Kormorans in weiten Teilen des Bundesgebietes erfolgte, ist ein über die Bundesländer hinausgehendes gesamtstaatliches Management erforderlich. Gegenwärtig muß jedes Bundesland versuchen, irgendwie mit dem Kormoranproblem fertig zu werden. Dabei ist mitunter die politische Konstellation bedeutsamer als fachliche Kompetenz. Fehlentscheidungen und Kontroversen sind vorprogrammiert.

In der ehemaligen DDR wurde unmittelbar nach Beginn der Zunahme des Kormorans überlegt, wie Schadensverhütung und Schutz der Art zu vereinbaren sind. Dabei wurde zwar nicht von Management gesprochen, jedoch im Sinne eines Managements vorgegangen. Die zuständigen Behörden, Naturschützer und Fischer waren sich darüber einig, daß dieses Ziel bei ungebremstem Verlauf der Wiederausbreitung des Kormorans nicht erreichbar ist. Deshalb wurde für den Kormoran ein „Zielbestand" festgelegt. Neuansiedlungen in bereits vom Kormoran besiedelten Gebieten und übermäßiges Anwachsen einzelner Kolonien wurde durch Maßnahmen verschiedener Art beschränkt, bis hin zu kontrollierten zeitlich und zahlenmäßig begrenzten Abschüssen. Der Abschuß erfolgte teilweise sogar durch jagdberechtigte Naturschutzmitarbeiter. Ausgenommen von solchen Regelungen waren selbstverständlich Naturschutzgebiete (ZIMMERMANN 1989, 1993).

Noch immer werden zur Kompensation von vermeintlichen oder tatsächlichen Kormoranschäden Entschädigungen in Millionenhöhe gezahlt. Ein gut geplantes Management kann diesen Zustand beenden. Viel Geld könnte für andere Naturschutzaufgaben frei werden, wenn das Kormoranproblem in einer ökologisch begründeten Form gelöst wird.

Management in einigen europäischen Ländern

Dänemark In Dänemark ist bereits zu Beginn der 90er Jahre damit begonnen worden, Maßnahmen für Schutz und Schadensabwehr in Form eines behördlich bestätigten Managementplanes zusammenzufassen und zu praktizieren. Reduzierungen finden in den großen Kolonien statt, unter anderem durch Besprühen der Gelege mit einer speziellen Ölemulsion (in einer Kolonie wurden 3000 Eier „behandelt"). Diese Maßnahmen erfolgen unter strenger behördlicher Kontrolle. Neuansiedlungen des Kormorans in bestimmten ausgewählten Gebieten werden zugelassen, jedoch ausdrücklich bei Begrenzung des Koloniewachstums. Waldeigentümer dürfen in bestimmten Fällen die Ansiedlung durch Vergrämungsabschüsse verhindern. Die 1994 vorgenommenen Maßnahmen zur Reduzierung des Brutbestandes im Rahmen des Managementplanes blieben allerdings erfolglos. Es brüteten 37 750 Paare in 37 Kolonien. (Im Vergleich dazu 1993 36 400 Paare in 31 Kolonien). Im Rahmen des Managementplanes ist es möglich, Kormorane im Umkreis von 100 Metern um funktionsfähig gestellte Fischnetze abzuschießen. Regelungen ähnlicher Art sind auch für Fischteichbetriebe vorgesehen. Bei Ertragseinbußen werden Ausgleichszahlungen gewährt (zwischen 13 DM und 33 DM je ha Wasserfläche).

Schweiz In der Schweiz hat man sich nach jahrelangen kontroversen Diskussionen zwischen Fischwirten und Anglern einerseits und Naturschützern andererseits auf einen „Maßnahmeplan Kormoran und Fische" verständigt. Der Naturschutz macht sich in der Schweiz vor allem deshalb so stark, weil die Verfolgung des Kormorans mit Petarden und scharfer Munition zugleich die Hunderttausende anderer Wasservögel zwangsläufig beunruhigt, die auf Schweizer Seen überwintern. Der Maßnahmeplan strebt die Einheit von Abwehr, Einzelabschüssen und Schutzmaßnahmen an. Die Schweizer Gewässer sind je nach der Art der beschlossenen Maßnahmen in verschiedene Kategorien eingeteilt worden. Kormoran-Nichteingriffsgebiete sind alle größeren Seen ab 50 ha, Feuchtgebiete von internationaler Bedeutung und Naturschutzgebiete. Zu den Kormoran-Eingriffsgebieten gehören Fließgewässer und kleinere Seen sowie Gewässer mit seltenen und gefährdeten Fischarten. Die Form des Eingriffs in den Kormoranbestand richtet sich nach den örtlichen Gegebenheiten, ist also nicht konkret festgelegt. Eine Arbeitsgruppe wurde gebildet, die die Maßnahmen koordiniert und je nach den Bedingungen variiert. Selbstverständlich ist dem Maßnahmeplan auch ein Forschungsprogramm zugeordnet (MÜLLER 1995).

Internationale Projekte

In Anbetracht der rasch wachsenden Kormoranpopulation in weiten Teilen des Verbreitungsgebietes läßt sich das Kormoranproblem dauerhaft nur durch internationale Zusammenarbeit auf behördlicher und fachlicher Grundlage lösen. Ein erster Schritt in diese Richtung wurde von der Regierung Dänemarks unternommen, die 1993 Behördenvertreter und Experten aus europäischen Ländern zu einer Beratung nach Kopenhagen einlud. Bei dieser Zusammenkunft wurde ein Bericht mit Basisdaten über die Situation in den europäischen Ländern zusammengestellt. In den letzten Jahren sind auf internationalen Fachtagungen Vorschläge für ein abgestimmtes Vorgehen in Europa erarbeitet worden. Ein neuer Basisbericht ist im Oktober 1996 auf einer Regierungskonferenz der EU-Länder in Lelystad (Niederlande) beraten worden. Die Lösung des Kormoranproblems soll ein Aktionsplan mit Richtlinien für die nationalen Managementpläne bringen.

Eine Begrenzung des weiteren Wachstums der europäischen Population wird für unumgänglich gehalten. Dabei steht der Gedanke im Vordergrund, die natürlichen Ressourcen für das Populationswachstum wie Nahrung und Brutmöglichkeiten einzuschränken, die Population also möglichst einzugrenzen. Dieser Weg wird nur erfolgreich sein, wenn in den Ländern mit hohen Brutbeständen Neuansiedlungen ausgeschlossen werden und den Kormoranen in Rast- und Überwinterungsgebieten der Zugang zu leicht ausbeutbaren Nahrungsquellen verschlossen wird.

Falls es gelingen sollte, im Rahmen internationaler Vereinbarungen eine für alle Länder erträgliche Obergrenze des Brutbestandes im westlichen Osteeraum und in weiteren Teilen West- und Mitteleuropas („Zielbestand") festzulegen und durch Eingriffe zu realisieren, ist dennoch keine dauerhafte Lösung gefunden, solange die Umweltbedingungen nicht verändert werden. Jede Bestandsgröße, die unterhalb der Umweltkapazität für die Art liegt, ist instabil. Nach Abschluß von Eingriffen beginnt die Population erneut zu wachsen. Ein internationales Abkommen setzt also voraus, daß man sich über die ständige Überwachung des Bestandes (Monitoring) und falls erforderlich auf wiederholte abgestimmte Eingriffe in das Populationswachstum verständigt.

Kormoranmanagement in Nordamerika

In Nordamerika vollzog sich in etwa zeitgleich eine ganz ähnliche Entwicklung wie in Europa. Die dort beheimatete Ohrenscharbe *(Phalacrocorax auritus)* hat sich in den letzten Jahrzehnten enorm ausgebreitet, und wie in Europa gibt es Konflikte mit der Fischerei (ERWIN 1995). Neuerdings wird eine drastische Reduktion gefordert und – wo erlaubt – auch betrieben. Die rechtlichen Regelungen dazu obliegen den einzelnen Provinzen (Kanada) oder Bundesstaaten (USA). Dabei wird verschieden vorgegangen. Die Maßnahmen reichen von strengem Schutz über kontrollierten Abschuß bis hin zur geduldeten Zerstörung von Kolonien und zum illegalen Töten der Jungvögel. Insgesamt wird an Konfliktpunkten weitaus drastischer vorgegangen als in Europa, allerdings sind die Ansammlungen in Konzentrationsgebieten auch weitaus größer. Allein im Mündungsgebiet des St. Lorenz-Stromes brüten etwa 18 000 Paare, die durch „Managementmaßnahmen" auf 10 000 Paare begrenzt werden sollen (KEITH 1995). Die Reduktionen erfolgen in der Regel durch die Fischerei in Form von konzertierten Aktionen und haben bereits Tradition. So wurde der Kormoranbestand am Winnipegosis-See (Provinz Manitoba) bei Zustimmung der zuständigen Behörden zwischen 1940 und der Mitte der 50er Jahre von 39 000 Vögeln auf 19 000 reduziert. Im Winter 1996 hielten sich im Mississippidelta über 40 000 Kormorane auf. Man nimmt an, daß dieses Gebiet zur Zugzeit von etwa 200 000 Kormoranen durchwandert wird. Der Gesamtbestand in Nordamerika wird auf über 2 Millionen geschätzt (LINN 1996).

Es gibt zwar Empfehlungen für Managementprogramme, in denen langfristige Forschung, Schutz und Reduktionsmaßnahmen integriert sein sollen, doch diese sind infolge der kontinentalen Verbreitung der Art außerordentlich schwer zu praktizieren.

10 „Nutzen“ des Kormorans

In manchen Ländern, so in Norwegen, gehören Kormorane traditionell zum jagdbaren Wild. Für die menschliche Nahrung eignet sich das Kormoranfleisch kaum, weil es tranig schmecken soll. In einigen norwegischen Küstengemeinden werden Kormorane jedoch traditionell verspeist. In NAUMANN/HENNICKE (1905) heißt es dazu: „Ihr Fleisch, namentlich das der Jungen, wird nur von einigen armen Völkerschaften und in Notfällen gegessen; für zivilisierte Schmecker ist es nicht bestimmt, wie diese Vögel eine äußerst widrige, thranige oder bisamartige Ausdünstung haben, die selbst dem trockenen Balge, wenngleich schwächer, doch für immer verbleibt.“ Die Eier gelten ebenfalls als ungenießbar.

Um so überraschender ist es, daß der verstärkte Anfall geschossener Kormorane in Deutschland die Gourmets auf den Plan gerufen hat. In einer renommierten Fischereizeitschrift erschienen Kochrezepte für Kormoranbraten, wobei mit gaumenkitzelnden Gewürzen nicht gespart wurde. Ein Schweizer Hotelrestaurant versucht neuerdings unter der Überschrift auf der Speisekarte „Unser Beitrag zur alljährlichen Kormorankontroverse“ den Gästen den Fischfresser schmackhaft zu machen, indem geräucherte Kormoranbrüstchen angeboten werden (nach ORNIS 2/1997).

Die Eskimos verarbeiteten früher die Haut der Kormorane ihres festen Leders wegen zu Kleidungsstücken.

11 Literatur

ASBIRK, St. (1993) Management plan for Cormorants in Denmark. – Corm. conf. Gdansk 93. – (Abstract).

BACETTI, N & G. CHERUBINI (1995) Wintering Great Cormorant *Phalacrocorax carbo* in Italy. – Corm. Res. Group Bull. 1, 43–44.

BARTHELMES, D. & C. HELMS (1989) Cormorants and production stages I and II of Hypophthalmichthys molitrix guideline for lake operations. – Z. Binnenfischerei DDR 36, 36–37.

BAUER, K. & U. GLUTZ v. BLOTZHEIM (1966) Handbuch der deutschen Vogelkunde, Band 1, Frankfurt a. M.

BERNDT, R. & G. BUSCHE (1997) Ornithologischer Jahresbericht für Schleswig-Holstein 1995. – Corax 17, 35–65.

BERNDT, R. & W. MEISE (1962) In: Naturgeschichte der Vögel. Spezielle Vogelkunde, Bd. 2, Stuttgart.

BEZZEL, E. (1994) Kormorane im Binnenland. „Übervermehrung" oder „einregulierte" Bestände? Vogelschutz (Hilpoltstein), H. 2, 14–17.

BOHL, M. (1997) Erfahrungen mit der Abwehr fischfressender Vögel, insbesondere Kormoranen, in der Wielenbacher Versuchsanlage – Fischer & Teichwirt 48, 242–246.

BOUDEWIJN T. J. & S. DIRKSEN (1995) Impact of contaminants on the breeding success of the Cormorant *Phalacrocorax carbo sinensis* in The Netherlands . – Ardea 83, 325–328.

BREGNBALLE, Th. & St. ASBIRK (1995) A recent change in management practice of the Great Cormorant *Phalacrocorax carbo sinensis* population in Denmark. – Corm. Res. Group Bull. 1, 12–15.

BREGNBALLE, Th., J. GREGERSEN & P. HALD-MORTENSEN (1995) Cormorant research in Denmark. – Corm. Res. Group Bull. 1, 4–7.

BREGNBALLE, Th. & J. GREGERSEN (1995) Recent population development of the breeding population of continental Great Cormorant *Phalacrocorax carbo sinensis* in Denmark. – Corm. Res. Group Bull. 1, 8–11.

BREGNBALLE, T., J. D. GOSS-CUSTARD & S. E. A. le V. Dit Durell (1996) Management of cormorant numbers in Europe. (1. Draft Sept 1996), Cormorants *Phalacrocorax carbo* in Europe (2. Draft). – National Ref. Centre for Nature Management, The Netherlands. (Arbeitspapiere mit ausführlichem Literaturverzeichnis).

BUCHHEIM, A. & J. BELLEBAUM (1993) Bruten des Kormorans (*Phalacrocorax carbo*) in Nordrhein-Westfalen. Entwicklung und Zerstörung der ersten westfälischen Kolonie. – Charadrius 29, 93–97.

Bundesamt für Umweltschutz (ed.) (1987) Kormoran und Fischerei. Schr.-reihe Fischerei 47, 1–56, Bern.

CRAMP, S. & K. E. L. SIMMONS (Edits) (1977) The Birds of the Western Palearctic, 1, Oxford-London-New York.

De Boer, H. (1972) De voedselbiologie van Aalsholver – Rapport. Riksinstitut voor Naturbeheer Leersum, Niederlande.

Debout, G. (1987) The Cormorant (*Phalacrocax carbo*) in France: The coastal breeding population. – Alauda 55, 35–54.

Debout, G., Rov, N. & R. M. Sellers (1995) Status and population development of Cormorants *Phalacrocorax carbo carbo* breeding on the Atlantic coast of Europe. – Ardea 83, 47–59.)

De Nie, H. W. (1995) Changes in the inland fish population in Europe and its consequences for the increase in the Cormorant *Phalacrocorax carbo*. – Ardea 83, 115–122.

Dersinske, E. (1991) Erfahrungen mit Kormoranen in der Karpfenteichwirtschaft Blumberger Mühle. – Fischer & Teichwirt 42, 433.

Deufel, J. (1990) Fischereischäden durch Wasservögel. – Fischökol. Aktuell 2, 20–25.

Dobben, van W. H. (1991) The food of the Cormorant: 51 years later. Proc. – Workshop on Cormorant Lelystad, 166–169.

Eberl, R. (1990) Beeinträchtigung der Fischereigewässer durch Kormorane. – Fischer & Teichwirt 41, 8–9.

Eerden, van J. Gregersen (1995) Long-term changes in the northwest european population of Cormorants *Phalacrocorax carbo sinensis*. – Ardea 61–79.

Eerden, van J. & M. J. Munstermann (1995) Sex and age dependent distribution in wintering Cormorants *Phalaocrocorax carbo sinensis* in western Europe. – Ardea 83, 285–297.

Eerden, van M. R. & M. Zijlstra (1995) Recent crash of the Ijsselmeer population of Great Cormorants *Phalacrocorax carbo sinensis* in the Netherlands. – Corm. Res. Group Bull. 1, 27–32.

Geldhauser, F. (1997) Möglichkeiten zur Verhinderung von Kormoranschäden in der Karpfenwirtschaft. – Fischer & Teichwirt 48, 327–330.

Gentz, K. (1960) Zu einigen Verhaltensweisen des Kormorans. – Falke 7, 83–90.

Gere, G. & S. Andrikovics (1991) Untersuchungen über die Ernährungsbiologie des Kormorans (*Phalacrocorax carbo sinensis*) sowie deren Wirkung auf den trophischen Zustand des Wassers des Kisbalaton. – II. Opusc. Zool. Budapest 24, 115–127.

Gloe, P. (1996) Kormorane – *Phalacrocorax carbo* – verzehren Aas. – Orn. Mitt. 46, 321.

Goethe, F., H. Heckenroth & H. Schumann (1978) Die Vögel Niedersachsens Bd. 1, Hannover.

Gorski, W. & Z. Pajkert (1996) Interactions between Great Cormorant *Phalacrocorax carbo sinensis* and Herring Gull *Larus argentatus argentatus* in their Cormoran breeding sites. – Corm. Res. Group Bull. 2, 2–5.

Graf zu Törring-Jettenbach, H. V. Wunner, U. & P. Wissmath (1995) Fischbestandsituation vor und nach den Vergrämungsabschüssen im Winter 1994/95. – Fischer & Teichwirt 46, 335–337.

Gremillet, D. & D. Schmid (1993) Zum Nahrungsbedarf des Kormorans Phalacrocorax carbo sinensis. – Gutachten Ministerium Natur, Umwelt u. Landesentwicklung Schleswig-Holstein (nicht veröffentlicht).

Hasmi, D. (1988) Ökologie und Verhalten des Kormorans *Phalacrocorax carbo sinensis* im Ismaninger Teichgebiet – Anz. orn. Ges. Bayern 27, 1–44.

Hubatsch, H. (1989) Kormorane (*Phalacrocorax carbo*) am Niederrhein. – Charadrius 25, 13–16.

HÜBNER, Th. u. D. PUTZER (1985) Störungsökologische Untersuchungen rastender Kormorane an niederrheinischen Kiesseen bei Störungen durch Kiestransport, Segel-, Surf- und Angelsport. – Seevögel 6, 122–126.

IVANOV, B., T. MICHEV, NANKINOV D., POMAKOV, V & L. PROFIROV (1993) Breeding and wintering status of the Cormorant in Bulgaria – In Cormorant Conference Gdansk 1993 Abstracts: 13.

JANDA, J. & P. MUSIL (1991) Einfluß der Kormoranbestände auf die Erträge der Teichwirtschaft in Südböhmen. – Vogelschutz in Österreich 6, 81–85.

JUNGWIRTH, A. (1995) Einfluß des Kormorans auf die Fischerei. – Österr. Fischerei 48, 111–125.

KAINZ, E. (1994) Auswirkungen von Kormoranen auf die Fischbestände von zwei oberösterreichischen Fließgewässern. – Österreichs Fischerei 47, 238–250.

KEITH, J. A. (1995) Management policies for Cormorants in Canada. – Colonial Waterbirds 18 (Spec. Publ.) 1) 234–237.

KELLER, Th. (1993) Untersuchungen zur Nahrungsökologie von in Bayern überwinternden Kormoranen *Phalacrocorax carbo sinensis*. – Ornithol. Verh. 25, 82–128. (mit ausführlichem Literaturverzeichnis)

KELLER, Th. & Th. VORDERMEIER (1994) Abschlußbericht zum Forschungsvorhaben „Einfluß des Kormorans *Phalacrocorax carbo sinensis* auf die Fischbestände ausgewählter bayerischer Gewässer unter Berücksichtigung fischökologischer und fischereiökonomischer Aspekte.“ – Bayerische Landesanstalt für Fischerei, Starnberg.

KELLER, Th. (1996) Maßnahmen zur Abwehr von Kormoranen – Eine Übersicht. – Orn. Anz. 35, 13–23.

KIECKBUSCH, J. (1993) Beobachtungen zur Nahrungswahl des Kormorans (*Ph. c. sinensis*) in Umgebung des Naturschutzgebietes „Oehe-Schleimünde“. – Seevögel 14, 19–22.

KIECKBUSCH, J. J. & B. KOOP (1996) Kormoranmonitoring in Schleswig-Holstein. – Vogelwelt 117, 349–354.

KNIEF, W. & H. WITT (1983) Zur Situation des Kormorans (*Phalacrocorax carbo*) in Schleswig-Holstein und Vorschläge für seine künftige Behandlung. – Ber. Dt. Sekt. Rat f. Vogelschutz 23, 67–69.

KNIEF, W. (1994) Zum sogenannten Kormoran-„Problem“. Eine Stellungnahme der Deutschen Vogelschutzwarten zum Kormoran. – Bestand, Verbreitung, Nahrungsökologie, Managementmaßnahmen. – Natur u. Landschaft 69, 251–258.

KNIEF, W. (1996) Bestand und Verbreitung des Kormorans in Deutschland. – Vogelwelt 117, 344–348.

KOEMAN, J. H. (1973) Effects of PCB and DDE in Cormorants and evaluation of PCB from an experimental study. – J. Reprod. Fert. Suppl. 19, 353–364.

KOHL, F. (1996) Kormorane und Fische, Naturschutz und Fischerei. Eine Dokumentation des österr. Kuratoriums für Fischerei- und Gewässerschutz. – Brunn a. G. 1–47.

KOOP, B. & J. J. KIECKBUSCH (1993) Ornitholgische Begleituntersuchung zum Kormoran. – Ber. für 1993. Staatl. Vogelschutzwarte Kiel, 37 pp.

KORTLANDT, A. (1942) Levensloop, samenstelling en struuur der Nederlandse aalscholverbevolking. – Ardea 31, 175–280.

LAMPERT, W. &. U. SOMMER (1993) Limnoökologie. Thieme Stuttgart.

LARSSON, T. (ed.) (1986) Cormorants in northern Europe. – Proc. meet. Falsterbo/Sweden 1985. – Nat. Envir. Prot. Board, 1–96. (Mit 14 Aufsätzen zur aktuellen Situation Mitte der 80 er Jahre)

LBV Bayern (1995) Der Kormoran – Fakten zu einem Problemvogel im Kreuzfeuer der Kritik – Hilpoltstein 1–11.

LEAH, R. T., MOSS, B. & D. E. FOREST (1980) The role of predation in causing major changes in limnology of a hypereutrophic lake. – Int. Revue ges. Hydrobiol. 65, 223–247.

LINDELL, L., MELLIN, M., MUSIL, P., PRZYBUSZ, J. & H. ZIMMERMANN (1995) Status und development of breeding Cormorants *Phalacrocorax carbo sinensis* of the central European flyway. – Ardea 83, 81–92.

LLOYD, C., TASKER, M. L. & K. PARTRIDGE (1991) The status of seabirds in Britain and Ireland. – Poyser London.

LUY, M. (1993) Der Herbstzug des Kormorans *Phalacrocorax carbo* und ein quantitatives Modell der Migrationsströme von Koloniebrütern. – Dipl. Arb. Fak. Biologie Univ. Tübingen.

MÄDLOW, W. & C. MAYR (1996) Die Bestandsentwicklung ausgewählter gefährdeter Vogelarten in Deutschland 1990–1994. – Vogelwelt 117, 249–260.

MARION, L. (1995) Where two subspecies meet: origin, habitat choice and niche segregation of Cormorants *Ph. c. carbo* and *Ph. c. sinensis* in the common wintering area (France), in relation to breeding isolation in Europe. – Ardea 83, 103–114.

MARQUISS, M. & D. N. CARSS (1994) Avian Piscivores: Basis for Policy National Rivers Authority. – R. & O. Project record 461/8/N&Y, 104 pp.

MARTEIJN, E. C. L. & S. DIRKSEN (1989) Cormorants (*Phalacrocorax carbo sinensis*) feeding in shallow eutrophic freshwater lakes in The Netherlands in the non-breeding period: prey choice and fish consumption. – Rikswaterstaat Directorate Flevoland, Lelystad, 135–155.

MEBS, Th., H. KLINGER & Th. HÜBNER-MISIAK (1993) Der Kormoran in Nordrhein-Westfalen. – LÖLF-Mitteilungen, 4/93, 44–47.

MÜLLER, W. (1995) Kormoran: auf Seen willkommen, an Flüssen weniger. – Ornis 1995/5, 11–14.

MUSIL, P., JANDA, J. & H. DE NIE (1995) Changes in abundance and selection of foraging habitat in *Cormorants Phalacrocorax carbo* in the South Bohemia (Czech republic). – Ardea 83, 247–253.

NAUMANN, J. F. HENNICKE 1896–1905 Naturgeschichte der Vögel Bd., Gera-Untermhaus.

NEHLS, G. & Ph. GIENAPP (1997) Nahrungswahl und Jagdverhalten des Kormorans *Phalacrocorax carbo* im Wattenmeer. – Vogelwelt 118, 33–40.

NIETHAMMER, J (1938) Handbuch der deutschen Vogelkunde, Bd. 2, Leipzig.

OBERLE, M. (1997) Die Einhausung von Forellenanlagen zur Abwehr von fischfressenden Vögeln. – Fischer & Teichwirt 48, 330–333.

OSIECK, E. R. (1982) Verjaging van aalscholvers en blauwe reigers op de Viswekerij Lelystad. In opdrach van het Ministerie van Cultuur, Tecreatie en Maatschapelijk Werk, Utrecht.

PAJKERT, Z. & W. GORSKI (1996) Breeding ecology of Great Cormorant *Phalacrocorax carbo sinensis* in the Slowinski National Park (Northwestern Poland). – Corm. Res. Group Bull. 2, 6–10.

PEDROLL, J. C. & C. ZAUGG (1995) Kormoran und Fische. – BUWAL, Schriftenreihe Umwelt 242, 94 pp.

PETERSEN, A. (1994) Kampf dem Kormoran. Fischfresser soll aus neuen Kolonien vertrieben werden. – Fischer & Teichwirt 45, 98.

PFITZNER, G. (1993) Der Kormoran in Oberösterreich. – Beitrag der „ARGE OÖ: Wasservögel" zur Klärung der aktuellen Kormoransituation in Oberösterreich. – ÖKO L 15, 3–21.

PLATTEEUW, M. (1996) Courtship feeding in breeding Great Cormorants *Phalacrocorax carbo sinensis*? – Corm. Res. Group Bull. 2 , 28–29.

PLATTEEUW, M & VAN EERDEN, M. R. (1995) Time and energy constraints of fishing behavior in breeding Cormorants *Phalacrocorax carbo sinensis* at lake Ijsselmeer, The Netherlands. – Ardea 83, 223–234.

REICHHOLF, J. (1994) Die Wasservögel am Unteren Inn. Ergebnisse von 25 Jahren Wasservogelzählung: Dynamik der Durchzugs- und Winterbestände, Trends und Ursachen. – Mitt. Zool. Ges. Braunau 6, 1–92.

REICHHOLF, J. (1993) Der Kormoran (*Phalacrocorax carbo*) an Unteren Inn: Entwicklung der Winterbestände, Ernährung und die Frage der Verluste für die Fischerei. – Ökol-L 15, 32–37.

REICHHOLF-RIEHM, H. (1993) Das Verteilungsmuster überwinternder Kormorane (*Phalacrocorax carbo*) am Unteren Inn im Jänner und Februar 1990. – Oko-L 15, 28–31.

REYMOND, A. & O. ZUCHUAT (1995) Axial migration routes in Cormorants *Ph. carbo* passing through or wintering in Switzerland. – Ardea 83, 275–280.

RIJN, St. VAN & M. PLATTEEUW (1966) Remarkable fledging mortality at the largest Great Cormorant *Phalacrocorax carbo sinensis* colony in The Netherlands. – Corm. Res. Group 2, 30–35

ROV, N. (1993) Recent trends in the Cormorant population in Norway. – Corm. conf. Gdank '93 (Abstract).

ROV, N. u. B. STRANN (1987) The present status, breeding distribution, and colony size of the Cormorant *Phalacrocorax carbo carbo* in Norway. – Fauna norv. Ser. C, Cinclus 10, 39–44.

RÜGER, A. (1993) Kormoran-Konflikt um Nutzung oder Schutz. – Jb. Natursch. Landschaftspfl. 48, 79–89.

RUTSCHKE (1983) Die Vogelwelt Brandenburgs, Jena.

RUTSCHKE, E. (1994) „Seeraben" Schießen oder schützen. – Unsere Jagd 44, 40–42.

SCHALOW (1919) Die Vogelfauna der Mark Brandenburg, Berlin.

SCHARENBERG, W. & W. SCHULTZ (1992) Kormorane *Phalacrocorax carbo sinensis* und Chlorkohlenwasserstoffe – Eine Untersuchung zur Ökotoxikologie und Bioindikation. – Seevögel 13, 47–53.

SCHARF, W. (Hrsg.) (1990) Kormorane und Fischreiher im Spannungsfeld zwischen Fischerei und Naturschutz.-Symposiumsbericht, Linz.

SCHLOTFELDT, H.-J. (1992) Die Teichüberspannung – ein verläßlicher Schutz gegen die Übertragung von Krankheiten aus der Luft. – Fischer u. Teichwirt 43, 82–84.

SCHMID, D. J. H. GREMILLET, & B. CULIK (1995) Energetics of underwater swimming in the Great Cormorant *Phalacrocorax carbo sienensis*. – Mar. Biol. 123, 875–881.

SCHMIDT, R. (1989) Änderungen im Zugverhalten des Kormorans (*Ph. carbo*) im Zusammenhang mit seinem Bestandsanstieg. – Beitr. Vogelk. 35, 199–206.

SCHRATTER, D. & J. TRAUTTMANNSDORF (1993) Kormorane *Phalacrocorax carbo sinensis* an Donau und Enns in Oberösterreich: Analyse der Speiballen. – Orn. Verh. 25 129–150.

SELLIN, D. (1986) Zur Überwinterung sowie zum Nahrungs- und Schlafplatzverhalten des Kormorans, *Phalacrocorax carbo*, am Greifswalder Bodden. – Beitr. Vogelk. 32, 281–294.

SEICHE, K. & A. WÜNSCHE (1996) Kormoran und Graureiher im Freistaat Sachsen. – Materialien Nat-schutz u. Landschaftspflege 1/1996. Sächsisches Staatsministerium für Umwelt u. Landesentwicklung, Dresden.

SIEFKE, A. & W. BERGER (1979) Zug und Winterquartier der Rügen-Strelasund-Population des Kormorans, *Phalacrocorax carbo sinensis*. Beitr. Vogelk. 25, 65–74.

STAUB, E. (1992) Einfluß des Kormorans (*Ph. carbo)* auf Fischbestände und Fangerträge in der Schweiz. – BUWAL Schriftenreihe Fischerei 50, 1–138.

STAUB, E. & C. RUHLE (1996) Incidence of Nematode infection of European Great Cormorant *Phalacrocorx carbo sinensis* population apparently on the increase. – Corm. Res. Group Bull. 2, 39–41.

SUTER, W. (1989) Bestand und Verbreitung in der Schweiz überwinternder Kormorane *Phalacrocorax carbo*. – Orn. Beobachter 86, 25–52.

SUTER, W. (1991) Der Einfluß fischfressender Wasservögel auf Süßwasserfischbestände – eine Übersicht. – J. Orn. 132, 29–45.

SUTER, W. (1991b) Zur Nahrungsökologie des Kormorans in der Schweiz. – Vogelschutz in Österreich 6, 75–80.

SUTER, W. (1993) Kormoran und Fische. – Veröff. Naturhist. Mus. Bern, Nr. 1.

SUTER, W. (1995 a) Are Cormorants *Phalacrocorax carbo* wintering in Switzerland approaching carrying capacity? An analysis of increase patterns and habitat choice. – Ardea 83, 255–266.

SUTER, W. (1995 b) The effect of predation by wintering Cormorants *Phalacrocorax carbo* on Grayling *Thymallus thymallus* and Trout (*Salmonidae*) populations: two cases studies from Swiss rivers. – J. Appl. Ecol. 32, 29–46.

TRAUTMANNSDORF, J. & D. SCHRATTER (1993) Beitrag zur Nahrungswahl des Kormorans (*Phalacrocorax carbo*) im österreichischen Donausystem. – ÖKO L 15, 21–.

TRAUTMANNSDORF, J. (ed.) (1993) Workshop „Der Kormoran“ Versuch einer Konfliktlösung zwischen Naturschutz und Fischerei, Fachvorträge und Ergebnisse. UMWELT, Schr.-reihe für Ökologie u. Ethologie 20, 1–60.

TROLLIET, B. (1993) Un noveau moyen d`effarouchement: le fusil laser. – B. M. O. N. C. No. 178, 50–54.

VELDKAMP, R. (1986) Neergang en herstel van de Aalscholver Ph. carbo in NW-Overijssel. – Limosa 59, 163–168.

VELDKAMP, R. (1991) Colony development and food of Cormorants *Ph. c. sinensis* at Wanneperveen. – In VAN EERDEN, M, & M. ZILSTRA (eds.) Proc. Workshop 1989 on Cormorants, 170–174. Rikswaterstad Directorale Flevoland, Lelystad.

VELDKAMP, R. (1994) Vedselkeus van Aalscholvers *Phalacrocorax carbo sinensis* in Noord-west-Overijssel. – Bureau Veldkamp Steenwijk /Niederlande, 1–109. (Ausführliche Literaturzusammenstellung, insonderheit die umfangreiche niederländische Literatur).

VELDKAMP, R. (1995) Diet of Cormorants *Phalacrocorax carbo sinensis* at Wanneperveen, The Netherlands, with special reference to Bream Abrama bramis. – Ardea 83, 143–156.

VOSLAMBER, B. (1988) Visplaatskeuze, foeragerwijze en voedselkeuze van Aalscholvers *Ph. carbo* in het Ijsselmeergebied in 1982. – Flevobericht Nr. 286, Rijksdienst voor de Ijsselmeerpolders, Lelystad.

VOSLAMBER, B. & M. R. VAN EERDEN (1991) The habit of mass flock fishing by Cormorants *Phalacrocorax carbo sinensis* at the Ijsselmeer, The Netherlands. – Ardea 79.

WISSMANN, P. & K. LIMBURG (1987) Fischereischäden durch Massenansammlungen von Kormoranen. – Fischer und Teichwirt 38, 310–312.

WORTMANN, H. & S. SPRATTE (1987) Nahrungsuntersuchungen am Kormoran (*Phalacrocorax carbo*) – Die Auswirkungen der Kormorane auf die schleswig-holsteinische Binnenfischerei. – Eine Übersicht. – Gutachten Fischereiamt Schleswig-Holstein.

YESOU, P. (1995) Individual migration strategies in Cormorants *Ph. carbo* passing through or winteriung in western France – Ardea 83, 267–274.

ZIMMERMANN, H. (1989) Kormoran, *Phalacrocorax carbo*, und Fischerei in der DDR. – Beitr. Vogelkd. 31, 161–169.

ZIMMERMANN, H. (1993) Die Entwicklung des Kormoranbestandes in der ehemaligen DDR und Auswirkungen auf die Fischerei. – Eine Übersicht. – Umweltschr.-reihe Ökol. u. Ethol. 20, 10–16.

12 Sachwortverzeichnis

13 Bildnachweis

	Vorsatz:	Gisela Jahrmärker, Berlin
	Titelbild:	Horst Zimmermann, Schwerin
	Frontispiz:	John Gould, Vögel Europas, Karl Müller Verlag, Erlangen, 1979
S. 13	Abb. 1:	Wolfgang Buchhorn, OKAPIA, Frankfurt
S. 15	Abb. 3:	Horst Zimmermann, Schwerin
S. 21	Abb. 6:	Max Granitza, Konstanz
S. 24	Abb. 7:	Horst Zimmermann, Schwerin
S. 25	Abb. 8:	Horst Zimmermann, Schwerin
	Abb. 9:	Horst Zimmermann, Schwerin
S. 26	Abb. 10 a:	Horst Zimmermann, Schwerin
	Abb. 10 b:	Erich Kuchling, OKAPIA, Frankfurt
S. 28	Abb. 11:	Horst Zimmermann, Schwerin
S. 29	Abb. 12:	Horst Zimmermann, Schwerin
S. 30	Abb. 13:	Horst Zimmermann, Schwerin
S. 31	Abb. 14:	Horst Zimmermann, Schwerin
S. 32	Abb. 15:	Sohns, OKAPIA, Frankfurt
S. 37	Abb. 16:	Horst Zimmermann, Schwerin
	Abb. 17:	Horst Zimmermann, Schwerin
S. 38	Abb. 18:	Horst Zimmermann, Schwerin
S. 40	Abb. 19 a:	Horst Zimmermann, Schwerin
	Abb. 19 b:	Horst Zimmermann, Schwerin
S. 41	Abb. 20:	Horst Zimmermann, Schwerin
S. 42	Abb. 21 a:	Horst Zimmermann, Schwerin
S. 43	Abb. 21 b:	Horst Zimmermann, Schwerin
S. 46	Abb. 23:	Bernd Litzkow, Cottbus
S. 48	Abb. 25:	Gisela Jahrmärker, Berlin
S. 50	Abb. 26:	Horst Zimmermann, Schwerin
S. 53	Abb. 27:	Horst Zimmermann, Schwerin
S. 54	Abb. 28:	Horst Zimmermann, Schwerin
S. 59	Abb. 31:	Horst Zimmermann, Schwerin
S. 77	Abb. 42:	J. Hoffmann, Der Kormoran und dessen Verwendung zum Fischfang, Tafel 22; aus: Carl Hoffmann (Hrsg.), Das Buch der Welt, Hoffmannsche Verlagsbuchhandlung, Stuttgart, 1858
S. 115	Abb. 53:	Bernd Litzkow, Cottbus
S. 116	Abb. 54:	Bernd Litzkow, Cottbus
S. 117	Abb. 55:	Horst Zimmermann, Schwerin
S. 118	Abb. 56:	Foto-Leo Heidenau, Inh. Gunter Leonhardt, Heidenau
S. 136	Abb. 60:	Horst Zimmermann, Schwerin
S. 138	Abb. 61:	Alexander Wünsche, Dresden
S. 140	Abb. 62:	Bernd Litzkow, Cottbus

Gemeinsam leben!
Erich Rutschke
Wildgänse
Lebensweise · Schutz · Nutzung
PAREY
Rutschke, Erich
Wildgänse
Lebensweise · Schutz · Nutzung
1997. 260 Seiten mit
100 Abbildungen,
davon 83 in Farbe.
14,5 x 21,5 cm. Gebunden.
DM 58,– / öS 423,– / sFr 53,50
ISBN 3-8263-8478-4
Preisstand: 1. Februar 1998
Zu beziehen durch Ihre Buchhandlung oder
Parey Buchverlag
Kurfürstendamm 57 · D-10707 Berlin
Infoline 030-32 79 06-59 · Fax 030-32 79 06-44
e-mail: parey@blackwis.de
Internet: http://www.blackwis.com
PAREY